U0744959

厦门大学哲学社会科学繁荣计划资助项目

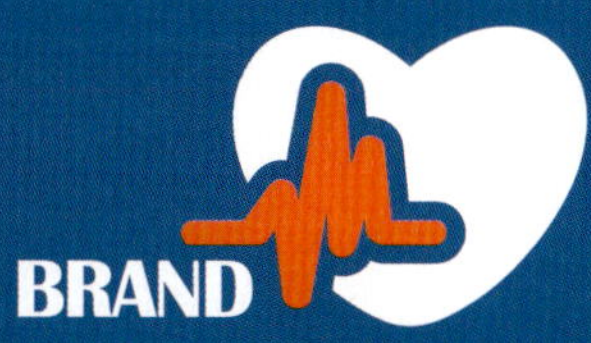

中国市场品牌健康度监测报告（2014年）

China Market Brand Health Monitoring Report

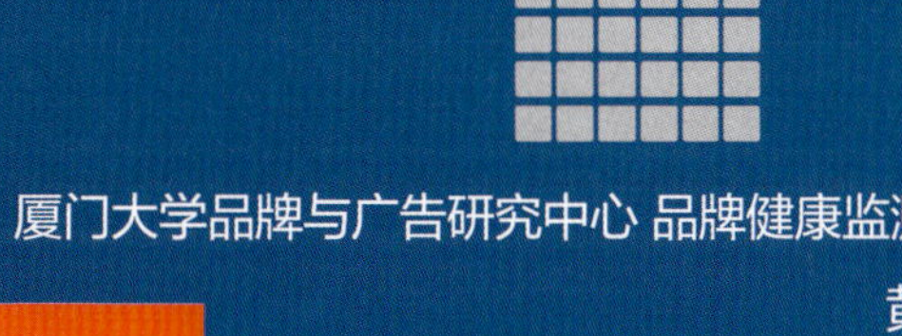

厦门大学品牌与广告研究中心 品牌健康监测课题组 编

黄合水 主编

厦门大学出版社 XIAMEN UNIVERSITY PRESS 国家一级出版社 全国百佳图书出版单位

图书在版编目(CIP)数据

中国市场品牌健康度监测报告.2014年/厦门大学品牌与广告研究中心品牌健康监测课题组编,黄合水主编.—厦门:厦门大学出版社,2017.11

ISBN 978-7-5615-6393-9

Ⅰ.①中… Ⅱ.①厦… Ⅲ.①商业品牌-市场调研-研究报告-中国-2014 Ⅳ.①F721

中国版本图书馆CIP数据核字(2016)第324130号

出版人 蒋东明
责任编辑 王鹭鹏 刘璐
封面设计 夏林
技术编辑 朱楷

出版发行 厦门大学出版社
社址 厦门市软件园二期望海路39号
邮政编码 361008
总编办 0592-2182177 0592-2181406(传真)
营销中心 0592-2184458 0592-2181365
网址 http://www.xmupress.com
邮箱 xmupress@126.com
印刷 厦门集大印刷厂

开本 787mm×1092mm 1/16
印张 6.75
字数 180千字
版次 2017年11月第1版
印次 2017年11月第1次印刷
定价 40.00元

厦门大学出版社
微信二维码

厦门大学出版社
微博二维码

中国市场品牌健康监测报告（2014年）

厦门大学品牌与广告研究中心
品牌健康监测课题组

组　长：黄合水
成　员（按拼音顺序排列）：白海青　陈经超
陈　瑞　陈素白
黄含韵　黄合水
林升栋　罗　萍
苏　文　王　霏
王　晶　曾秀芹
赵　洁　周　雨
朱健强

目录

导言

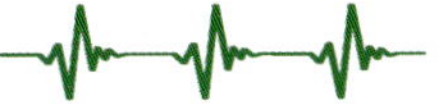

在与业界人士的广泛交流接触中，我们了解到，许多企业十分重视自己品牌的健康状况，并委托市场调研公司进行周期性的监测。

市场调研公司为企业提供的品牌健康监测，通常是对目标消费者进行问卷调查，以获得的品牌知名度、品牌偏好、品牌忠诚度等指标来判断品牌的健康程度。这些消费者层面的指标，反映的是消费者接受品牌传播或购买使用品牌后对品牌的认知和态度。当这些指标提高时，企业可知自己的营销传播努力得到了回报，下一步要做的就是继续努力；当这些指标下降时，企业发现品牌运营遇见了问题，但对于遇见什么样的问题，消费者调查只能部分说明产品和服务方面的原因，而难以反映其他方面的原因。

网络的高度发达和大数据的客观存在，为我们了解品牌的健康情况提供了另外一种路径。因为有关企业经营方方面面的问题，不论好坏，媒体都会对其进行一定的客观报道。透过这些报道，可以发现企业或品牌存在的问题。本研究试图通过对网络媒体有关企业经营状况报道的监测来评估各品牌的健康状况，分析和揭示造成品牌不健康的原因。

一、品牌健康与否的标准

观察品牌的健康状况，就要建立一定的健康标准。

在日常生活中，人们关于一个人是否健康的判断标准往往为：是否发现疾病。在疾病未被发现（既没有体检，又没有征兆）时，不管它是否存在，人都被认为是健康的；当疾病被发现时，不管它是否真实存在（有时候会误诊、误判），人都被认为是不健康或有病的。

同理，品牌的健康与否关键在于问题是否被发现。一个品牌在未被发现存在问题时，不管问题是否真正存在（有时的确没有问题，有时则是客观上存在问题，但被有意掩盖了），通常会被看作是健康的；一旦被认为存在问题，不管是否真正存在问题（有时是真实的，有时是捏造的），都会被认为是不健康或有病的。

这里很重要的一个问题是，被谁认为有问题的品牌，才算存在健康问题呢？一般人对一个他有所了解的品牌都会有一定的看法，但其看法仅仅是个人的，不管是好是坏，对品牌的影响并不大。但是如果一个品牌被媒体（特别是有较大影响的媒体）认为有问题时，就意味着许多消费者可能受到媒体影响，进而对品牌产生一定的疑虑甚至负面态度，此时品牌健康就真正有问题了。因此，品牌健康与否的标准，可以定义为是否被媒体认为存在问题，即媒体是否有负面报道。只要媒体对品牌进行过负面报道，不管内容真假，都意味着品牌存在健康问题。

这种品牌健康的定义和标准是有意义的，因为不管媒体报道的问题是否真实存在，只要暴露出来，都会影响品牌的生存和发展。

二、品牌健康指数

在日常生活中，一个人生病了，如果是感冒发热这样的小病，不大会引起亲朋好友的关注。但随着病情加重，如到了癌症晚期，就会引起亲朋好友的广泛关注。因此，从亲朋好友的关注程度，可以判断出其健康状况。

品牌也是如此，如果问题不严重，就不会引起消费者或媒体的广泛关注；如果问题被认为是严重的，必然会引起消费者和媒体的广泛关注。所以，品牌的健康指数可以以品牌存在的问题被消费者和媒体的关注程度来衡量。

在网络媒体高度发达的今天，品牌问题的曝光最早可能出现在社会化媒体如微博、微信、论坛上。但社会化媒体传播的信息许多未经证实，真真假假，并不可靠；另外，社会化媒体传播的碎片化使其影响面比较小，即使信息真实可靠，不经过其他媒体的放大传播，也不一定会对品牌的运营产生影响。如果来自社会化媒体的品牌问题为主流新闻媒体（包括传统的大众媒体或新媒体中的门户网站）所报道，其对品牌运营的影响就不可小觑。也就是说，一个品牌的不利信息只要出现在主流新闻媒体上，就意味着品牌健康出了问题；若出现在众多的主流媒体上，则意味着品牌健康问题已经比较严重了。

传统的主流新闻媒体往往为官方网站，透过对网络中的主要新闻媒体的监测可以判断品牌的健康指数，于是本研究对品牌健康指数定义如下：

所谓品牌健康指数，指在特定时间段内，未出现关于某品牌负面或不利报道的新闻媒体占所有监测媒体的比重，即在特定时间内，报道品牌负面或不利消息的媒体越多，品牌健康指数越低；相反，报道品牌负面或不利消息的媒体越少，品牌健康指数越高。没有任何媒体做有关品牌的负面或不利报道，品牌健康指数最高；所有媒体都出现有关品牌的负面或不利报道，品牌健康指数最低。

三、品牌病因

品牌不健康总有原因，从网络新闻报道的内容来看，主要有以下十二个方面（图3-1）：

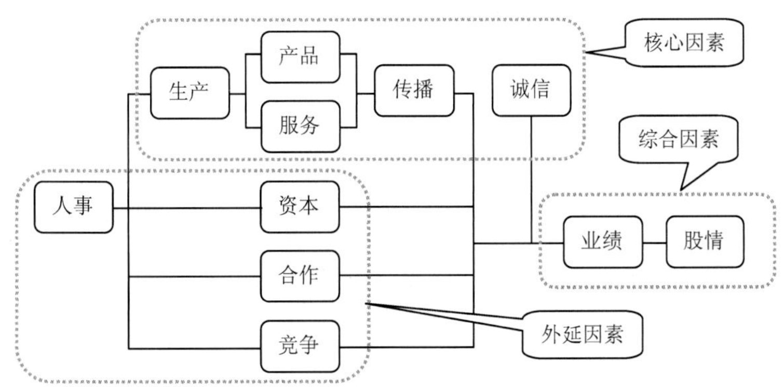

图 3-1　品牌病因

注：其他项未在图中体现

第一是生产，即产品生产设备或服务设备出现事故等问题。

第二是产品，指产品质量方面有问题。

第三是服务，指服务不到位、让顾客感到不满意等。

第四是传播（和品牌维护），指广告、代言、赞助、公关以及品牌维护等方面存在问题。

第五是诚信，指欺诈、乱收费、承诺不兑现、不自律、违约、违规、违法等。

第六是人事，指管理者、员工和劳资关系等方面存在问题。

第七是资本（运作），指企业在投资和融资上存在问题。

第八是合作，指与产业链上下游、联盟商、政府等利益攸关方之间存在问题。

第九是竞争，指竞争对手、行业环境有问题。

第十是业绩，指企业经营业绩方面存在问题。

第十一是股情，指企业在股市行情变化上存在问题。

第十二是其他，即不能归入上述十一个方面的任何问题。

其中第一至第五方面是核心因素，也是企业可以控制的因素。它类似于内伤，核心疾病对品牌的伤害比较大，往往直接影响消费者对品牌的认知和态度，如果这些方面出现问题，企业必须尽快“医治”好。第六至第九方面是外延因素，是企业不能完全控制的因素，它类似于外伤。外延疾病对品牌的伤害虽然相对较小，但对企业经营的影响却不小，不可轻视。第十和第十一方面是综合因素，是核心因素和外延因素共同作用的结果，企业对这类因素的控制力很弱。它类似于人的体质，不论变好还是变差都会对品牌产生潜在、长远的影响，要想方设法防患于未然。

四、监测的媒体及其内容

1. 监测的媒体

网络媒体非常之多，穷尽所有媒体去监测，费时费力，且数据来源难以厘清，数据适用的情景难以判断。只有数据来源清晰，才能对数据的价值及其应用情景做出判断。

根据慧聪研究 e-Eyes 事业部出品的《2012 媒体价值分析报告》，中国网络新闻媒体有 923 家。本研究选取其中最有价值的 36 家作为品牌监测媒体，其中综合类网络新闻媒体的 A 级媒体 7 家，分别是腾讯（qq.com）、新浪（sina.com.cn）、搜狐（sohu.com）、网易（163.com）、凤凰网（ifeng.com）、人民网（people.com.cn）和新华网（xinhuanet.com）；财经类 A 级媒体 4 家，分别是和讯网（hexun.com）、东方财富网（eastmoney.com）、中金在线（cnfol.com）和金融界（jrj.com.cn）；综合类网络新闻媒体的 B 级媒体 25 家，分别是 21CN（21cn.com）、中国网（china.com.cn）、北方网（enorth.com.cn）、中国经济网（ce.cn）、南方网（southcn.com）、红网（rednet.cn）、中国新闻网（chinanews.com）、光明网（gmw.cn）、华商网（hsw.cn）、中国江苏网（jschina.com.cn）、华龙网（cqnews.net）、中华网（china.com）、环球网（huanqiu.com）、半岛网（bandao.cn）、Tom（tom.com）、大众网（dzwww.com）、MSN 中国（msn.com.cn）、中国网络电视台（cntv.cn）、南海网（hinews.cn）、华声在线（voc.com.cn）、上海热线（online.sh.cn）、千龙网（qianlong.com）、新民网（xinmin.cn）、长城网（hebei.com.cn）、大河网（dahe.cn）。

在慧聪的报告中，A 级综合新闻媒体、B 级综合新闻媒体和 A 类财经媒体都是价值比较高、影响比较大的网络新闻媒体。因此本研究将所有 A 级综合和 A 级财经媒体都纳入监测之中。B 级综合媒体共有 51 家，本研究根据各媒体的品牌报道量，选择了品牌报道量相对较大的 25 家。被排除的 26 家媒体是浙江在线（浙商网 zjol.com.cn）、国际在线（cri.cn）、中国广播网（cnr.cn）、东北网（dbw.cn）、北青网（ynet.com）、中国日报网（chinadaily.com.cn）、四川在线（scol.com.cn）、深圳新闻网（sznews.com）、合肥在线（hf365.com）、大江网（jxnews.com.cn）、奥一网（oeeee.com）、北京广播网（rbc.cn）、今题网（jinti.com）、商都网（shangdu.com）、湖南在线（hnol.net）、万家热线（365jia.cn）、路透中国网（cn.gmw.com）、扬子晚报网（yangtse.com）、青岛新闻网（qingdaonews.com）、南都网（nd.oeeee.com）、雅虎网（cn.yahoo.com）、龙虎网（longhu.net）、东方网（eastday.com）、杭州网（hangzhou.com.cn）、合肥热线（hefei.cn）、大洋网（dayoo.com）。

2. 监测的媒体内容

网络新闻媒体中的新闻十分丰富，引起受众关注并进一步阅读的关键是标题。标题通常概括新闻的核心信息，既是受众阅读的起点，又是受众阅读的终点。所以，本研究将监测内容集中在标题上。以新闻标题作为监测素材还有两个优点——素材结构简单，容易分析；具有稳定性，可获取。这些优点有利于监测的实际操作，也有利于提高监测结果的信度和效度。

五、监测的品牌

本研究不仅要监测某个品牌的品牌健康指数，还将在此基础上了解中国品牌的品牌健康指数。因此，需要确定代表中国的品牌名单。

中国的品牌非常多，全面监测难度非常大，本研究选择影响较大的品牌作为代表来考察中国品牌的健康指数。我们根据 2012 年四项（Interbrand、世界品牌实验室、睿富、BrandZ）关于国内品牌的价值评估结果，将至少在两项评估排名中位居前 50 名的品牌选为中国代表品牌，由此选出 50 个品牌。其中民企品牌 12 个，分别是 361° 、阿里巴巴、安踏、百度、百丽、李宁、国美、蒙牛、搜狐、苏宁、腾讯、携程；国企品牌 38 个，分别是海尔、茅台、青岛啤酒、五粮液、联想、美的、燕京、张裕、招商银行、中国工行、中国建行、中国人寿、中国银行、云南白药、TCL、格力、中国国航、交行、泸州老窖、太平洋保险、雪花、伊利、长安、中国农行、中国平安、中信银行、华夏银行、中国一汽、东风、中国移动、中国电信、鄂尔多斯、波司登、双汇、中粮、中国石化、中国石油、同仁堂。

六、资料采集和编码

1. 资料采集

2013 年监测报告中的资料，由 55 个研究生通过人工方法采集而得。2014 年的资料采用自行开发的资料采集软件——TCP 自动采集。不过，2014 年采集到的是关于品牌的所有新闻标题，不仅包括对品牌不利的新闻标题，而且包括对品牌有利的新闻标题。采集结果以 Excel 文档形式呈现。

2. 资料编码

资料编码分两个步骤进行。第一步是对所有新闻标题进行“是否为负面报道”的判断。具体做法是将采集到的各品牌的新闻标题依据新闻发生的日期进行排序，这样同一事件的不同新闻标题就相对集中，判断起来就比较快速准确。第二步是对新闻标题所属病因进行判断。对被认定为负面报道的标题，进一步判断其属于 12 类中的哪一类。判断标准见表 6–1。表 6–1 中的编码项目及其操作定义以品牌健康和病因的定义为基础，是根据标题新闻的内容范畴确定的。为了提高病因判断的速度和准确性，我们开发了一个利用关键词协助判断的软件——KWCP。

表 6–1　网络新闻标题的内容分析编码表

代码	项目	操作定义
X1	产品	关于本品牌产品的不利报道，包括顾客反映、质检报告、自查报道
X2	服务	任何对本企业服务不到位、不满意的报道，包括产品的售后服务
X3	生产	本企业产品生产设备或服务设备出现事故的报道
X4	传播	有关本品牌商标（被冒用）、广告、代言、赞助、公关等的不利报道
X5	诚信	关于本品牌欺诈、乱收费、不兑现承诺、不自律、违约、违规、违法、被投诉的报道
X6	人事	关于本企业管理者、员工和劳资关系的不利报道，包括领导腐败、薪酬、罢工、示威等
X7	资本	关于本企业投、融资等资本运作的不利报道，包括上市、私募资金、贷款、入股、控股、收购、兼并等
X8	合作	关于本企业与产业链上下游、联盟商等关系的不利报道
X9	竞争	关于市场地位、行业环境变化以及涉及竞争对手的不利报道
X10	业绩	关于客户数量、销量、利润等经营业绩及其趋势预测的不利报道
X11	股情	关于本品牌的股市行情以及机构评级的不利报道
X12	其他	不能列入上述项目的不利报道，包括创新能力、子机构、价格等

七、统计处理

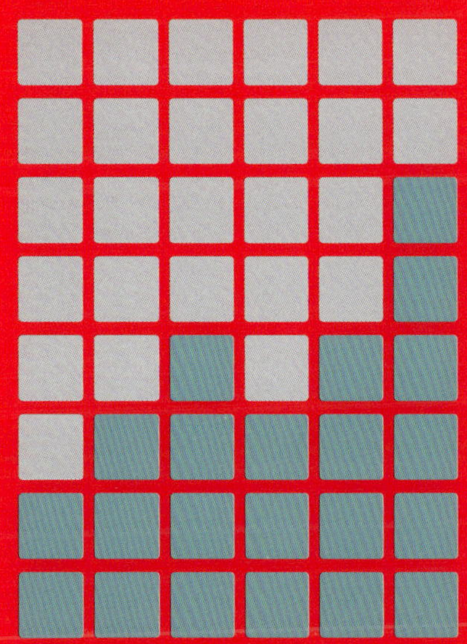

1. 健康指数的统计处理

本研究以“某品牌某月的健康指数”为基准指标，其他指标则由该指标推算而得。

（1）某品牌某月的健康指数（用 H_{bm} 表示）。操作定义是：在某个月（m）内，出现某品牌（b）负面报道的新闻媒体数（NMS）占所有监测媒体（MS）的比例。但为了便于理解和运用，我们将品牌健康指数的取值范围放大 100 倍，由 0 ～ 1 变成 0 ～ 100。于是 H_{bm} 的计算公式为：

$$H_{bm}=\frac{NMS}{MS}\times 100 \cdots\cdots (1)$$

值得说明的是，H_{bm} 只与某媒体在某月内是否有负面报道有关，跟特定媒体在某月内负面报道的数量无关。

（2）某月中国（市场）品牌健康指数：当月中国（市场）代表品牌（n 个）健康指数均值，用 H_b 表示，计算方法如下：

$$H_b=\frac{\sum_{b=1}^{n}H_{bm}}{n} \cdots\cdots (2)$$

（3）某季度某品牌健康指数：指某品牌在某季度（s）3 个月内的健康指数的均值，用 H_{bs} 表示，计算方法如下：

$$H_{bs}=\frac{1}{3}\sum_{m=1}^{3}H_{bm} \cdots\cdots (3)$$

（4）某季度中国（市场）品牌健康指数：某季度中国（市场）代表品牌健康指数均值，用 H_s 表示，计算方法是：

$$H_s=\frac{\sum_{b=1}^{n}H_{bm}}{n}=\frac{\sum_{b=1}^{n}\sum_{m=1}^{3}H_{bm}}{3n} \cdots\cdots (4)$$

（5）某年某品牌健康指数：指某品牌在某年度（y）12 个月内的健康指数的均值，用 H_{by} 表示，计算方法是：

$$H_{by}=\frac{1}{12}\sum_{m=1}^{n_{12}}H_{bm} \cdots\cdots (5)$$

（6）某年中国（市场）品牌年健康指数：指某年中国（市场）代表品牌健康指数均值，用 H_y 表示，计算方法为：

$$H_y = \frac{1}{2}\sum_{b=1}^{n} H_{by} = \frac{1}{12n}\sum_{b=1}^{n}\sum_{m=1}^{n_{12}} H_{bm} \quad \cdots\cdots (6)$$

（7）某品类某月品牌健康指数：某月某品类（x）各代表性品牌（k个）的健康指数的均值，用 H_{xm} 表示，计算方法如下：

$$H_{xm} = \frac{\sum_{b=1}^{k} H_{bm}}{k} \quad \cdots\cdots (7)$$

（8）某品类某季度品牌健康指数：某季度某品类各代表性品牌的健康指数的均值，用 H_{xs} 表示，计算方法如下：

$$H_{xs} = \frac{1}{3}\sum_{b=1}^{k} H_{bs} = \frac{1}{3k}\sum_{b=1}^{k}\sum_{m=1}^{3} H_{bm} \quad \cdots\cdots (8)$$

（9）某品类某年度品牌年健康指数：指某年某品类各代表性品牌的健康指数的均值，用 H_{xy} 表示，计算方法为：

$$H_{xy} = \frac{1}{12}\sum_{b=1}^{k} H_{by} = \frac{1}{12k}\sum_{b=1}^{k}\sum_{m=1}^{n_{12}} H_{bm} \quad \cdots\cdots (9)$$

通过上述式（1）至式（9），可以计算某品牌、某类别、中国品牌的月品牌健康指数、季品牌健康指数和年品牌健康指数。

2. 病因的统计处理

任何负面的新闻报道，都包含一个或多个病因信息。对于编码之后的各种病因相对比重的统计处理，首先要计算单一品牌各种病因的比重。若是多个品牌构成一个类别，那么类别中各病因所占的比重，可以直接求各品牌该病因比重的均值。

单一品牌各病因所占比重的具体计算步骤如下：

第一步，计算 S_b（b=1，2，…，n）值，S_b 指某品牌（b）在特定时间里（一个月、一个季度或一年）负面新闻报道的总条数；

第二步，计算 F_i（i=1，2，…，12）值，F_i 指该品牌（b）在特定时间里某种（i）病因的出现频次。F_i 与 S_b 的关系是：$S_b = \sum_{i=1}^{12} F_i$；

第三步，计算 R_{bi} 值，R_{bi} 指某品牌（b）中某种病因（i）所占比重，计算公式如下：

$$R_{bi} = \frac{F_i}{S_b}\times 100\% = \frac{F_i}{\sum_{i=1}^{12} F_i}\times 100\% \quad \cdots\cdots (10)$$

八、中国品牌的健康状况

为了更有效地观察中国品牌（即境内品牌）的健康状况，我们抽取了 50 个价值较高的品牌作为代表进行分析，结果显示如下。

1. 2014 年，品牌健康指数继续下降

如图 8-1 所示：2014 年中国品牌的品牌健康指数（取值范围为 0 ～ 100）为 63.4，比 2013 年的 71.4 下降了 8.0，比 2012 年的 74.9 下降了 11.5。

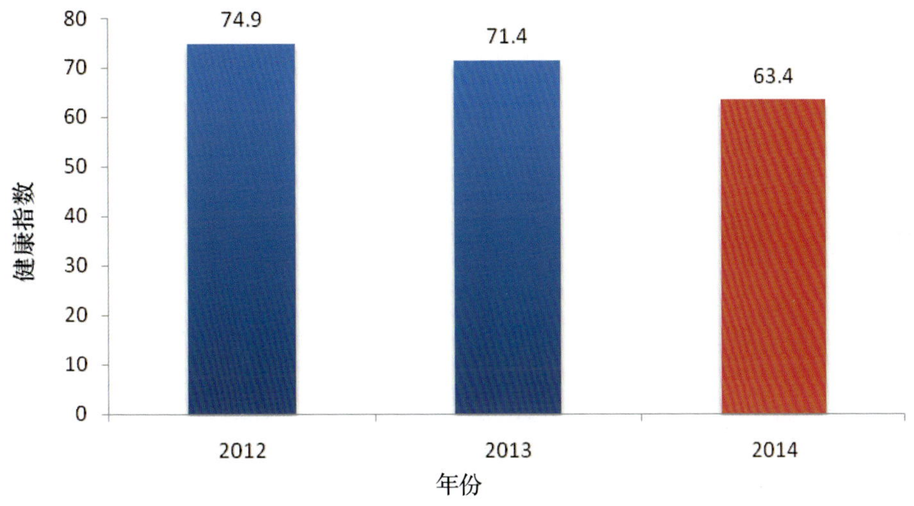

图 8-1　2012-2014 年中国品牌健康指数

2. 品牌在冬季最健康，在秋季最不健康

图 8-2 显示，在一年的四个季度中，秋季的品牌健康指数最低，品牌相对不健康；冬季的品牌健康指数较高，处于较健康状态；春季和夏季时处于中间水平。具体分析一年中的 12 个月，如图 8-3 所示，3 月和 8 月两个月的品牌健康指数比较低，1、2 和 11 月的品牌最为健康。

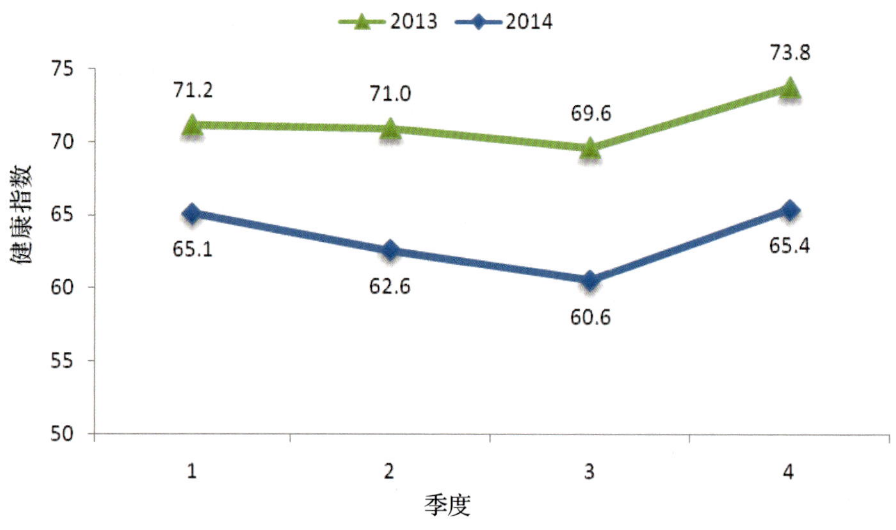

图 8-2　2013—2014 年 50 个品牌各季度品牌健康指数

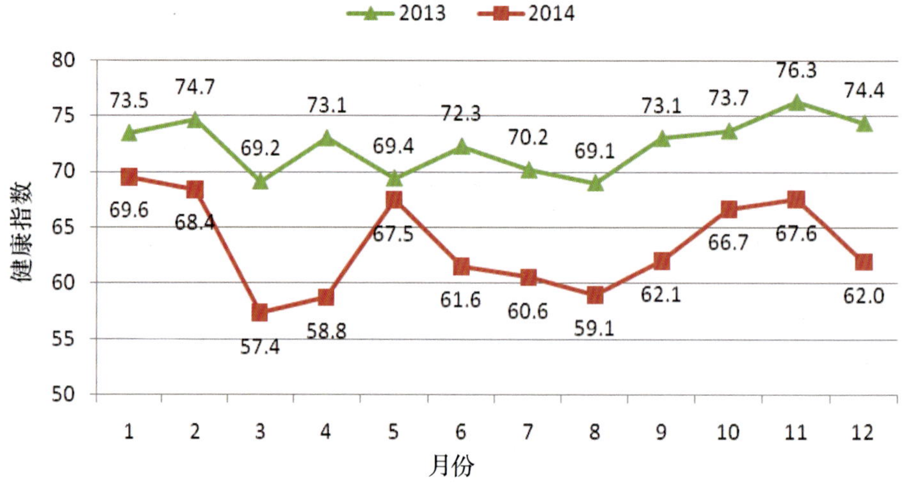

图 8-3　2013—2014 年 50 个品牌各月品牌健康指数

3. 中国品牌的主要问题一直都是缺乏诚信，准确地说是契约精神不足

2014 年，对品牌健康影响由大到小的因素依次是诚信、人事、业绩和生产等。这与前两年略有不同，2013 年的前四个因素分别是诚信、产品、业绩、人事，2012 年则是诚信、产品、人事、业绩，详见图 8-4。

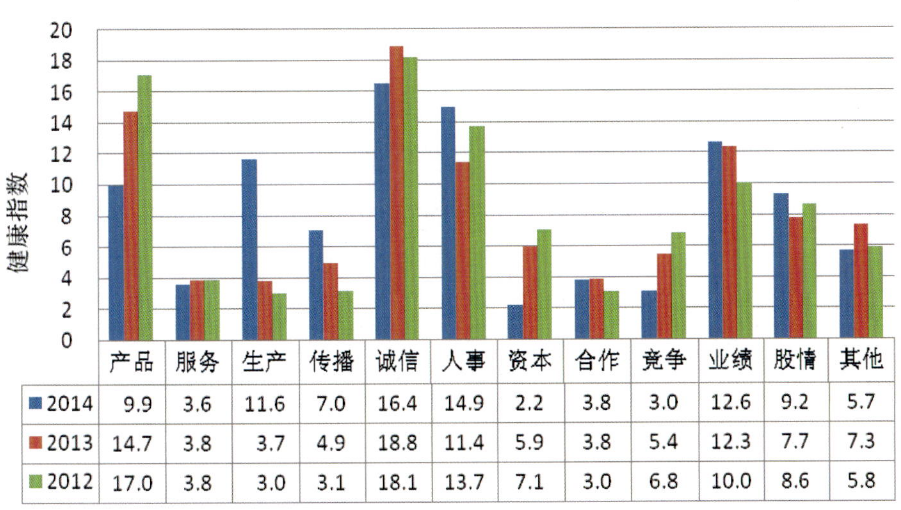

	产品	服务	生产	传播	诚信	人事	资本	合作	竞争	业绩	股情	其他
2014	9.9	3.6	11.6	7.0	16.4	14.9	2.2	3.8	3.0	12.6	9.2	5.7
2013	14.7	3.8	3.7	4.9	18.8	11.4	5.9	3.8	5.4	12.3	7.7	7.3
2012	17.0	3.8	3.0	3.1	18.1	13.7	7.1	3.0	6.8	10.0	8.6	5.8

图 8-4　影响品牌健康的因素（2012—2014）

4. 民营企业品牌的健康水平普遍高于国有企业

在 50 个品牌中，民企品牌有 12 个，国企品牌有 38 个。如图 8-5 所示，2014 年民企品牌的平均健康指数为 65.0，国企品牌为 62.7，民企品牌的健康水平略高于国企。这与 2013 年的情形恰恰相反，2013 年民企品牌的平均健康指数为 67.2，国企品牌为 72.7，民企品牌健康水平普遍低于国企。

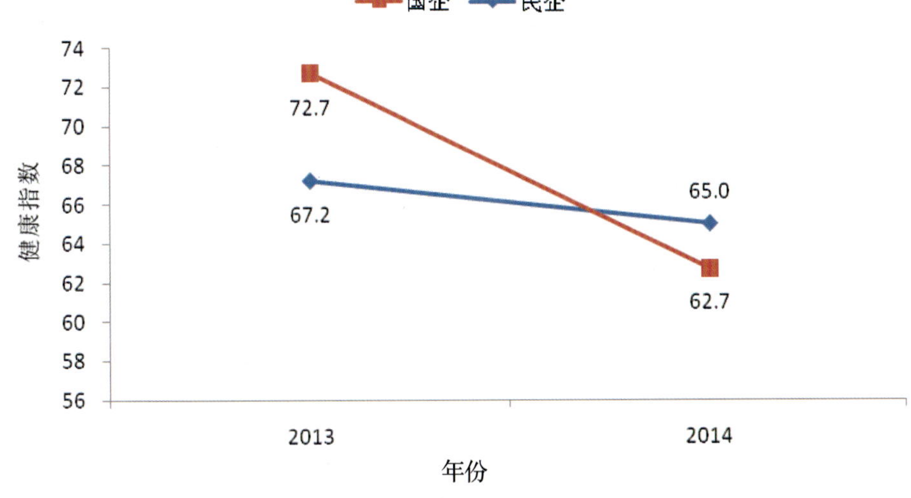

图 8-5　2013—2014 年国企和民企的品牌健康指数

5. 国企品牌产品、人事问题更多，民企品牌诚信、传播、竞争方面的问题更严重

如图 8-6 所示，国企和民企品牌不健康的首要病因都是诚信，民企尤为突出。次要病因有所不同，国企是产品、业绩、人事和股情问题，民企则是传播、业绩和股情问题。而在 2013 年（图 8-7），国企最突出的问题在产品和诚信方面，民企最突出的问题在业绩方面（这一结果与《中国市场品牌健康报告 2013》略有不同，因为 2014 年对病因统计方法做了修正。2013 年的病因统计方法受个别品牌的影响较大，2014 年的病因统计则是 50 个品牌个个平等）。

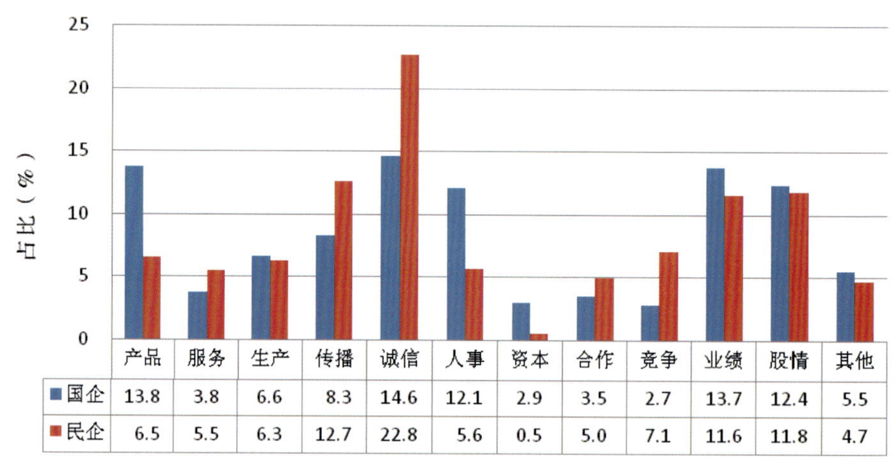

	产品	服务	生产	传播	诚信	人事	资本	合作	竞争	业绩	股情	其他
■国企	13.8	3.8	6.6	8.3	14.6	12.1	2.9	3.5	2.7	13.7	12.4	5.5
■民企	6.5	5.5	6.3	12.7	22.8	5.6	0.5	5.0	7.1	11.6	11.8	4.7

图 8-6　国企和民企的品牌病因分析（2014）

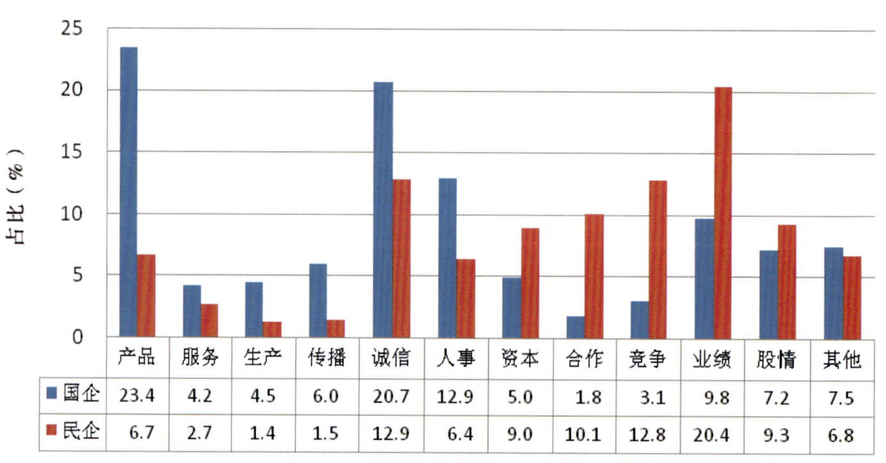

	产品	服务	生产	传播	诚信	人事	资本	合作	竞争	业绩	股情	其他
■国企	23.4	4.2	4.5	6.0	20.7	12.9	5.0	1.8	3.1	9.8	7.2	7.5
■民企	6.7	2.7	1.4	1.5	12.9	6.4	9.0	10.1	12.8	20.4	9.3	6.8

图 8-7　国企和民企的品牌病因分析（2013）

6. 最差和最好的品牌主要都是国企品牌

图 8-8 列出了所有 50 个品牌的健康指数，从中可以看出，健康水平最低的品牌是中石油、中石化、茅台、携程、五粮液和腾讯。其中，中石化和茅台 2013 年就已经位居最不健康品牌之列（图 8-9）；健康水平最高的品牌则是 361° 、雪花、太平洋保险、鄂尔多斯和华夏银行。这里可能隐含着一个规律，大国企在没有出现大问题（特别是腐败问题）时，媒体可能不敢、不愿意或不想对其进行负面报道，一旦出了问题，则连篇累牍；而民企只要一出问题，就可能引来媒体的广泛报道，换言之，扮演“医生”角色的媒体，可能在一定程度上戴着有色眼镜。

在所监测的 50 个品牌中，健康指数在 90 以上的品牌有 4 个，比 2013 年的 12 个减少了 8 个；健康指数在 80~90 的品牌，2014 年有 7 个，比 2013 年的 9 个减少了 2 个；健康指数在 70~80 的品牌有 8 个，比 2013 年的 10 个也减少了 2 个；健康指数在 60~70 的品牌有 12 个，比 2013 年的 4 个多了 8 个；健康指数在 50~60（不含 60）的有 9 个，比 2013 年的 4 个多了 5 个；健康指数在 50 分以下的品牌有 10 个，比 2013 年的 11 个减少了 1 个。

从图 8-8 和图 8-9 还可以看出，指数在 60 以下的品牌有 19 个，比 2013 年的 15 个多了 4 个。均值以下的品牌有 24 个，比 2013 年的 20 个多了 4 个。

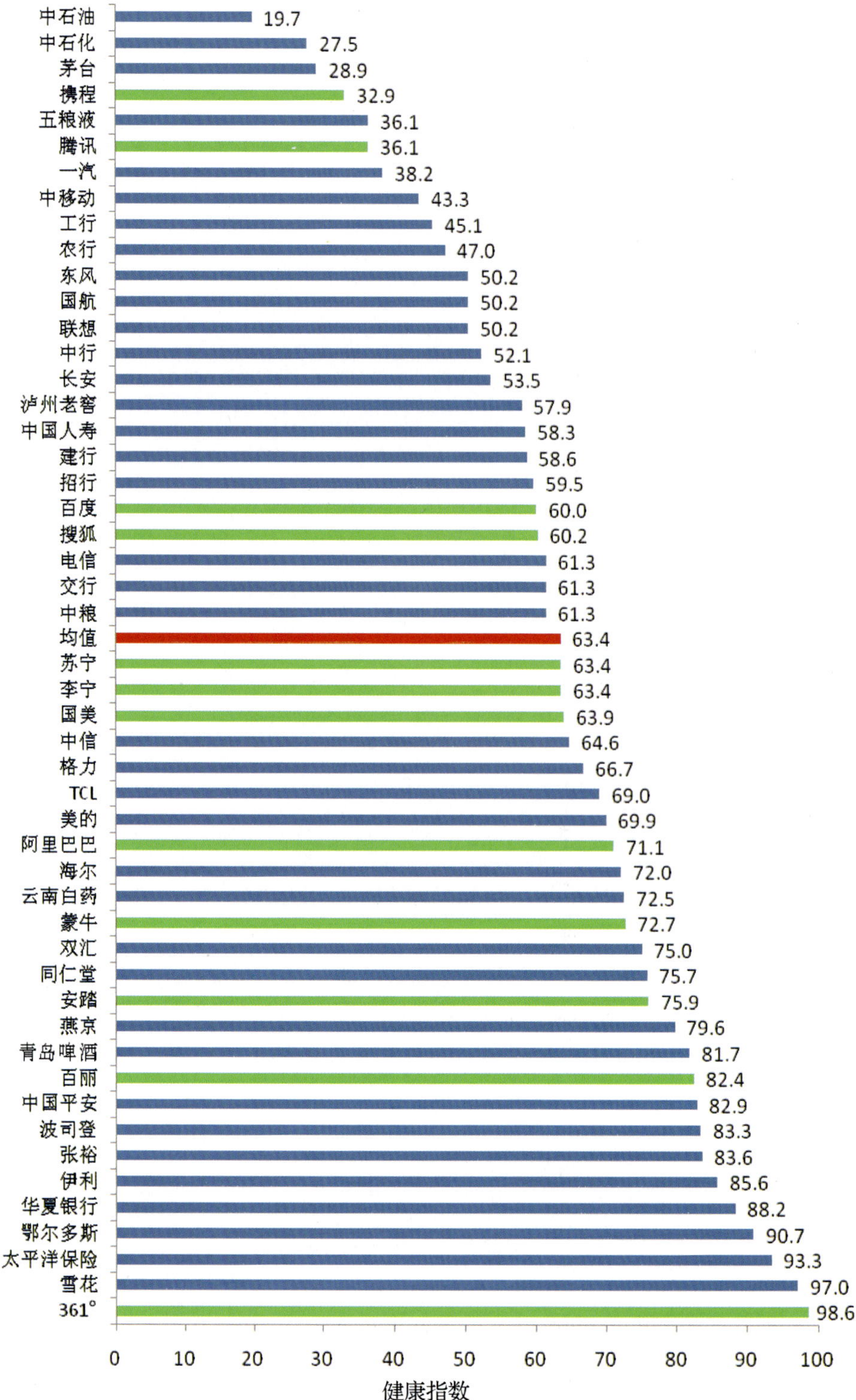

图 8–8　各品牌的健康指数（2014）

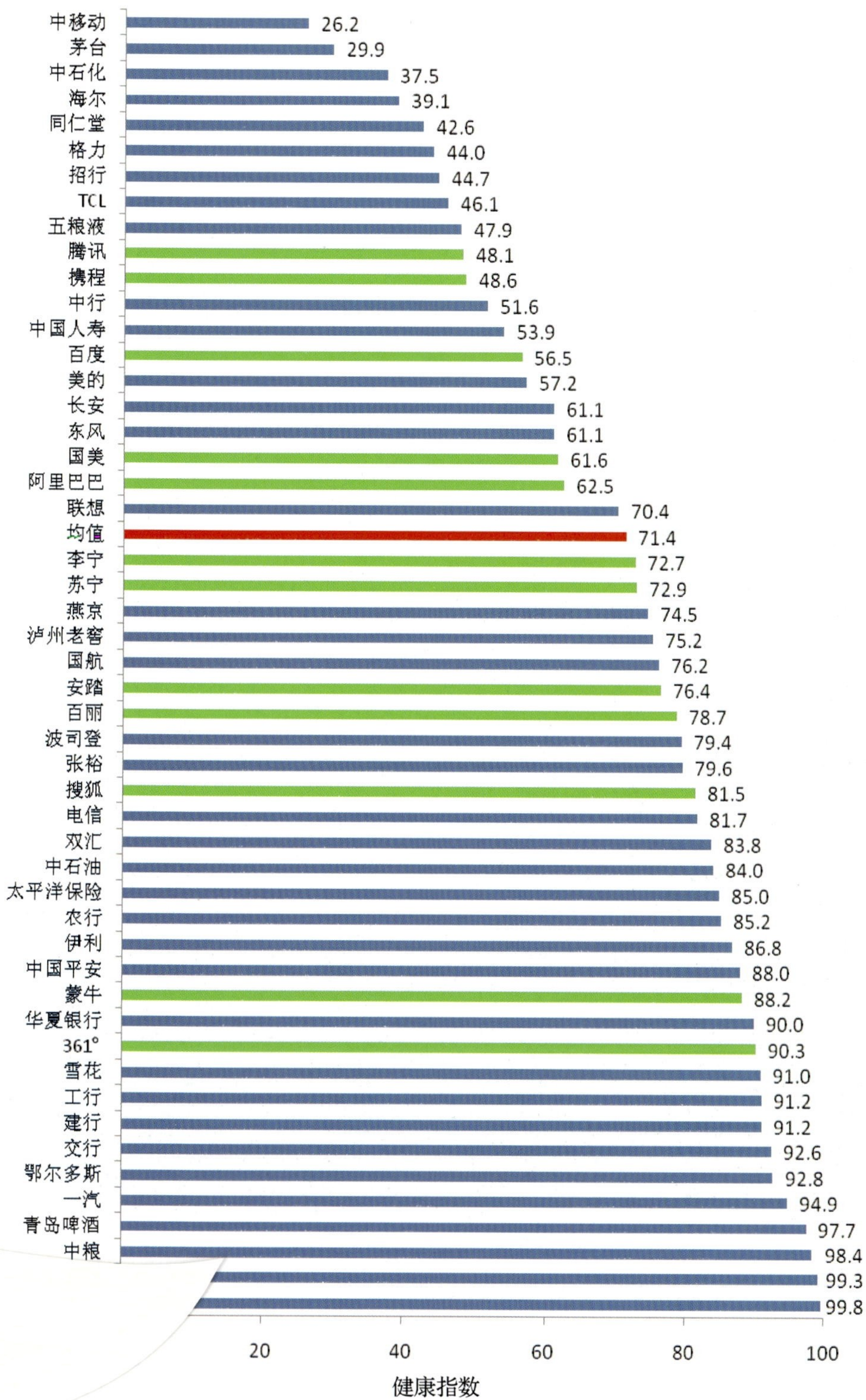

图 8–9　各品牌的健康指数（2013）

九、健康状况剧变的品牌

表 9–1 及其统计图 9–1 显示，2013—2014 年，所有品牌的健康指数都或多或少发生了变化。健康指数下降的品牌较多，有 31 个。健康指数上升的品牌较少，仅 19 个。健康状况恶化最严重的 5 个品牌都是大型国企，依次是中石油、一汽、工行、农行和中粮，它们的健康指数依次下降了 64.3、56.7、46.1、38.2、37.1。这些品牌的健康水平大幅度下降可能跟国家的反腐行为及其带来的后效有关。健康水平提高最大的 5 个品牌同样是国企，依次是同仁堂、海尔、TCL、格力、中移动，其健康指数分别提高了 33.1、32.9、22.9、22.7、17.1。这些品牌 2013 年的健康水平均不理想，2014 年虽然也不令人满意，但均有长足的进步。这一结果还说明，有病并不可怕，只要注意解决问题，品牌是会健康起来的。

表 9–1　品牌健康指数的变化情况（2013—2014）

序号	品牌	2014	2013	2014 相对 2013	序号	品牌	2014	2013	2014 相对 2013
1	中石油	19.7	84.0	–64.3	26	中国平安	82.9	88.0	–5.1
2	一汽	38.2	94.9	–56.7	27	鄂尔多斯	90.7	92.8	–2.1
3	工行	45.1	91.2	–46.1	28	华夏银行	88.2	90.0	–1.8
4	农行	47.0	85.2	–38.2	29	伊利	85.6	86.8	–1.2
5	中粮	61.3	98.4	–37.1	30	茅台	28.9	29.9	–1.0
6	中信	64.6	99.8	–35.2	31	安踏	75.9	76.4	–0.5
7	建行	58.6	91.2	–32.6	32	中行	52.1	51.6	0.5
8	交行	61.3	92.6	–31.3	33	国美	63.9	61.6	2.3
9	云南白药	72.5	99.3	–26.8	34	百度	60.0	56.5	3.5
10	国航	50.2	76.2	–26.0	35	百丽	82.4	78.7	3.7
11	搜狐	60.2	81.5	–21.3	36	波司登	83.3	79.4	3.9
12	电信	61.3	81.7	–20.4	37	张裕	83.6	79.6	4.0
13	联想	50.2	70.4	–20.2	38	中国人寿	58.3	53.9	4.4
14	泸州老窖	57.9	75.2	–17.3	39	燕京	79.6	74.5	5.1
15	青岛啤酒	81.7	97.7	–16.0	40	雪花	97.0	91.0	6.0
16	携程	32.9	48.6	–15.7	41	361°	98.6	90.3	8.3
17	蒙牛	72.7	88.2	–15.5	42	太平洋保险	93.3	85.0	8.3
18	腾讯	36.1	48.1	–12.0	43	阿里巴巴	71.1	62.5	8.6
19	五粮液	36.1	47.9	–11.8	44	美的	69.9	57.2	12.7
20	东风	50.2	61.1	–10.9	45	招行	59.5	44.7	14.8
21	中石化	27.5	37.5	–10.0	46	中移动	43.3	26.2	17.1
22	苏宁	63.4	72.9	–9.5	47	格力	66.7	44.0	22.7
23	李宁	63.4	72.7	–9.3	48	TCL	69.0	46.1	22.9
24	双汇	75.0	83.8	–8.8	49	海尔	72.0	39.1	32.9
25	长安	53.5	61.1	–7.6	50	同仁堂	75.7	42.6	33.1

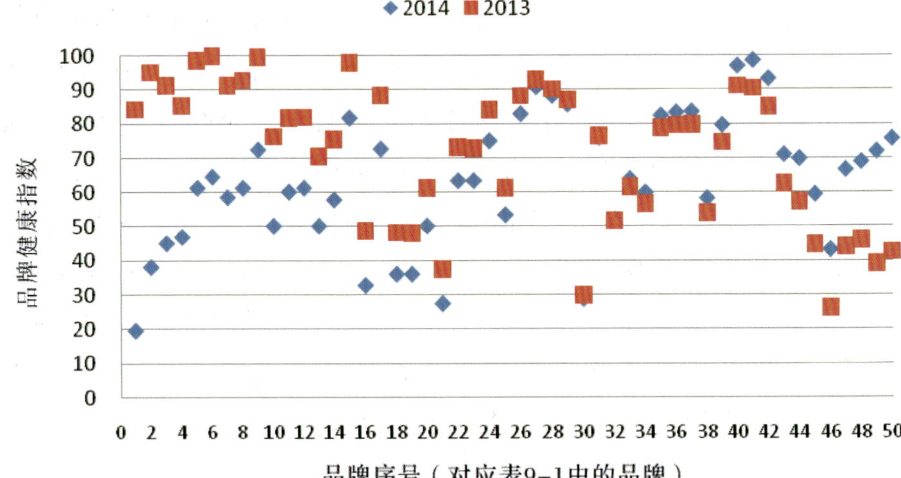

图 9-1　2014 年和 2013 年品牌健康指数的分布图

十、各个品牌的健康状况及其病因

关于50个品牌的具体健康状况及其病因，以下一一加以分析。

1. 361°

361° 2013年健康指数排名第11，2014年跃居第1，指数为98.6。总体健康状况优异，小的瑕疵出现在产品和传播上（见图10–1）。2014年5月，其童鞋在抽检中被发现不合格；9月，在仁川亚运会上斥资过亿，关注度却不高；11月，出现冒牌。不过，这些问题只引起了极个别媒体的报道。

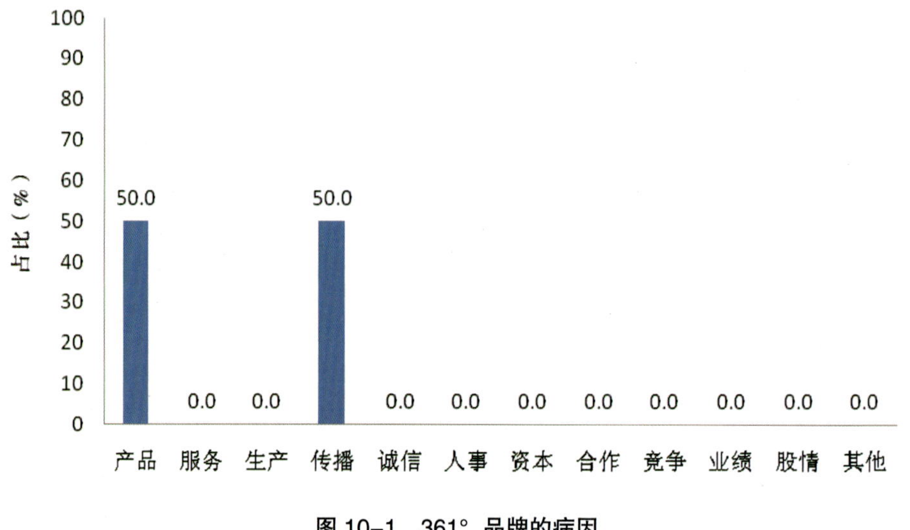

图10–1 361° 品牌的病因

2. 雪花

雪花2013年健康指数排名第10，2014年升到第2，指数为97.0。总体健康状况很好，小问题出现在诚信和产品上（见图10–2）。具体是雪花啤酒的销售合同疑有垄断条款；零售商抱怨雪花不给销售合同；在海口，雪花啤酒出现沉淀物；遭到“傍名牌”等。

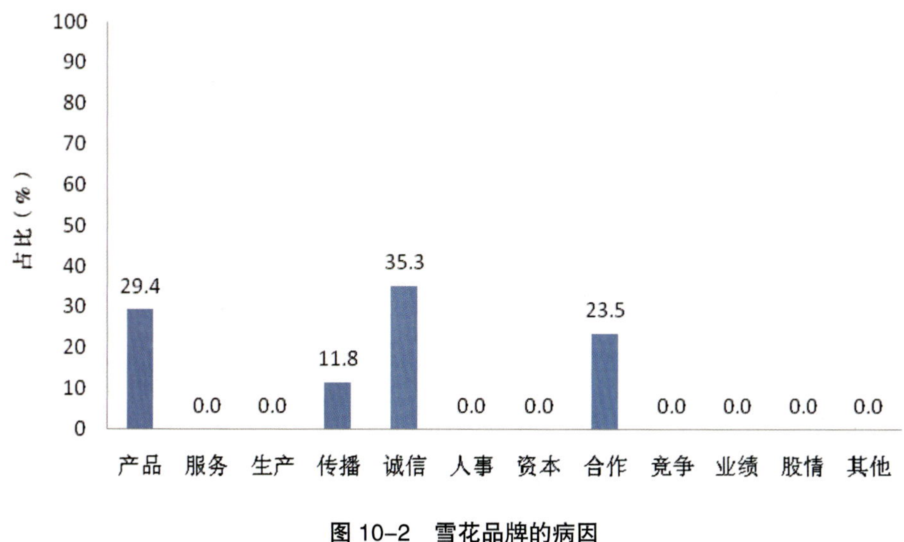

图 10–2 雪花品牌的病因

3. 太平洋保险

太平洋保险 2013 年健康指数排名第 17，2014 年升至第 3，指数为 93.3。总体健康状况很好，小问题主要出现在诚信上（见图 10–3）。具体问题有：西安一肇事司机事故后未报警，宁德一个 15 岁少年查出肝癌晚期，太平洋保险对这两起事件都拒绝赔付；南京 72 岁的孙先生夫妻各买 1 份太平洋保险，已续缴近 10 年却发现要拿回本金得活到 100 岁，由此质疑太平洋保险的此项规定；太平洋保险云南分公司原党委书记陆俊柏涉嫌受贿被调查；太平洋保险系统故障导致去哪儿网上销售的航班延误险被消费者认为是假保险。

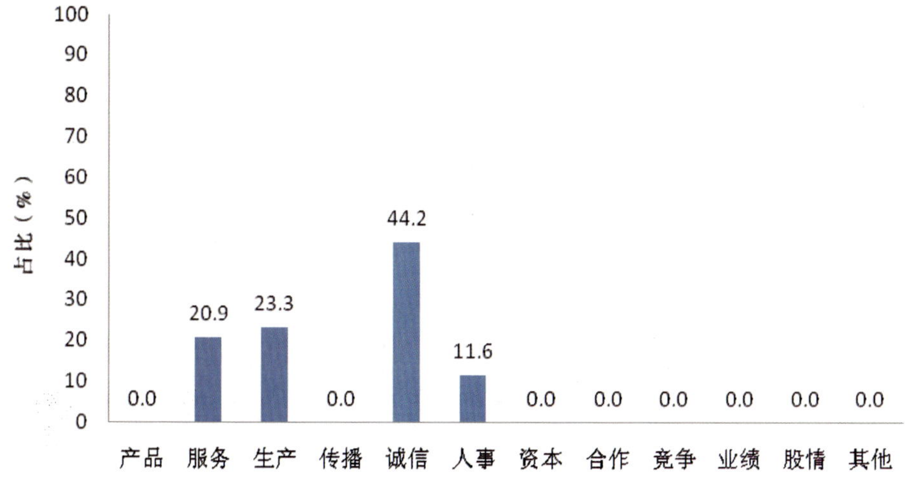

图 10–3 太平洋保险品牌的病因

4. 鄂尔多斯

鄂尔多斯 2013 年健康指数排名第 6，2014 年升到第 4，指数为 90.7。总体健康状况很好，但在产品和股情上仍有点小问题（见图 10–4）。在产品上：2014 年 2 月，被曝纤维含量不达标；3 月，被曝服装甲醛超标，即“涉毒”；7 月和 8 月，在辽宁因抽检不合格被下架。在股情方面，则是 6 月 24—26 日连续三天出现关于大股东 4 亿股权遭冻结的报道。

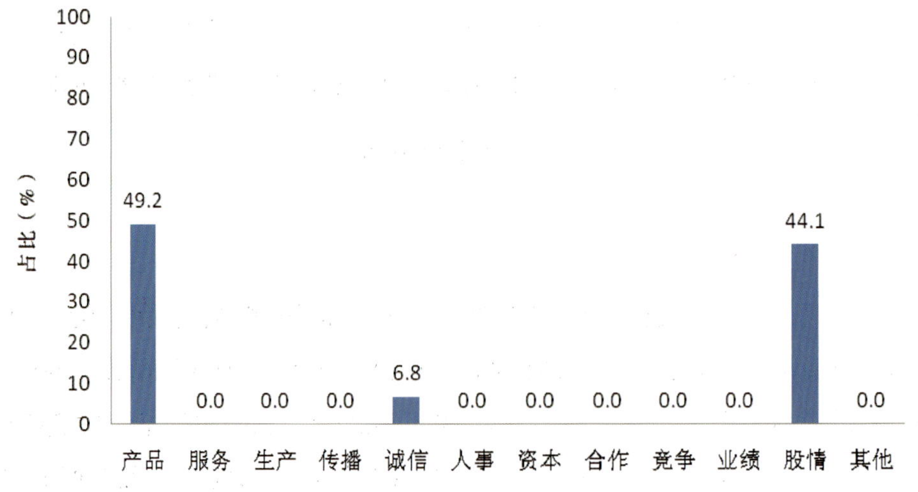

图 10–4　鄂尔多斯品牌的病因

5. 华夏银行

华夏银行 2013 年健康指数排名第 12，2014 年升到第 5，指数为 88.2。总体健康状况良好，小问题（见图 10–5）具体为：2014 年 4 月，关于前员工“飞单”案以及 ATM 机出现故障的相关报道；8 月，关于资产不良率的报道；1、4、8 月，关于股价下跌的报道。

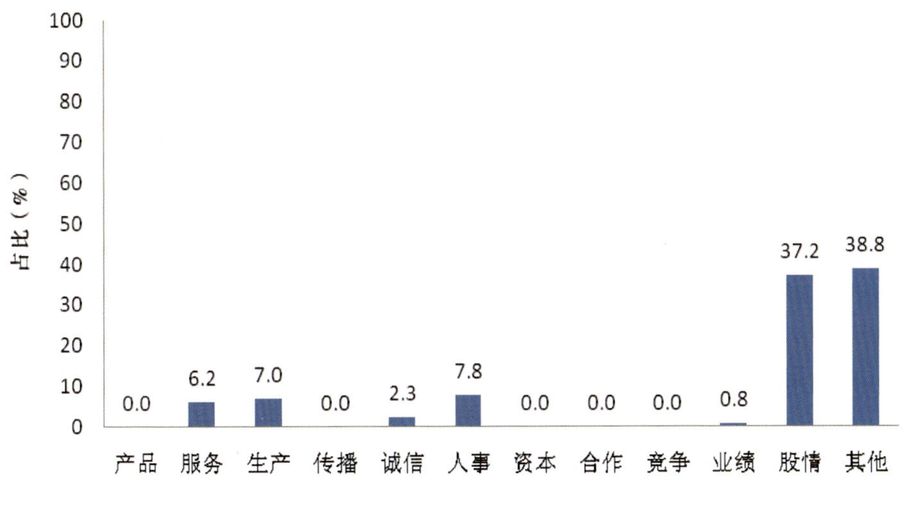

图 10–5　华夏银行品牌的病因

6. 伊利

伊利 2013 年健康指数排名第 15，2014 年升至第 6，指数为 85.6。总体健康状况良好，但股情不利（见图 10–6）。具体情况为：2014 年 6 月 3 日，关于伊利“四家工厂落榜”的报道突起，伊利股票出现大跌；9—10 月，伊利股票暴跌、市值蒸发成为焦点；10 月，伊利低脂奶喝出块状物，偶有报道；11 月，伊利等儿童牛奶被曝出营养含量低，其添加物质 DHA 能否益智引发讨论。

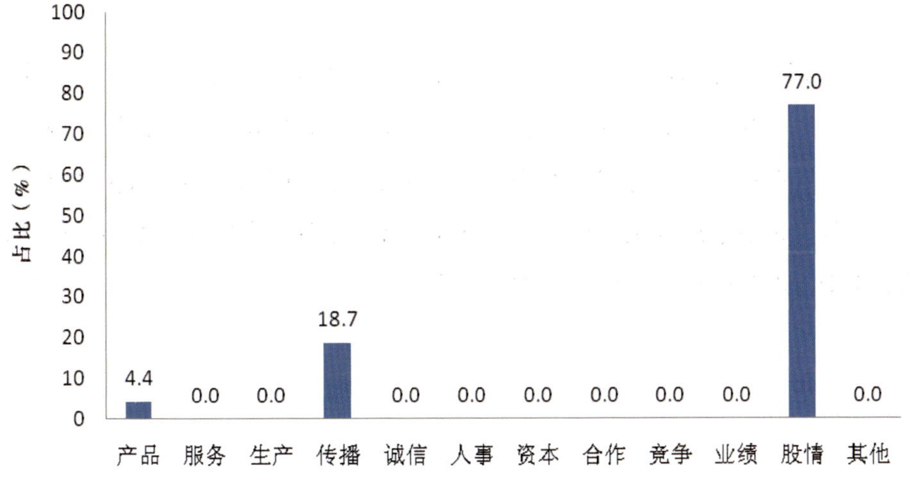

图 10–6　伊利品牌的病因

7. 张裕

张裕 2013 年健康指数排名第 22，2014 年升到第 7，指数为 83.6。总体健康状况良好，但业绩和股情不尽人意（见图 10–7）。具体问题主要有：2017 年 1 月就有三年股价跌幅超过七成的报道；5 月又有市值蒸发 450 亿元的报道；4 月和 8 月则是关于业绩、净利下滑的报道。

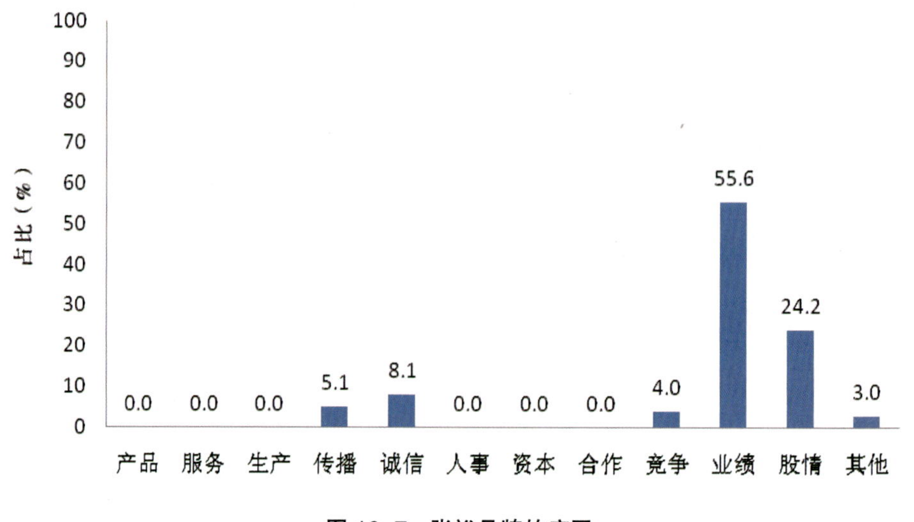

图 10–7　张裕品牌的病因

8. 波司登

波司登 2013 年健康指数排名第 23，2014 年升到第 8，指数为 83.3。总体健康状况良好，不健康因素主要是合作（销售渠道）、业绩和人事（见图 10–8）。具体问题主要有：2014 年 3 月，净利下滑、业绩亏损的报道时见报端；4 月，英国分公司裁员报道连篇累牍；5—6 月，业绩下滑；7 月，富阳服装抽检不合格；11 月，关店 3 000 多家，日关 19 家成为焦点。

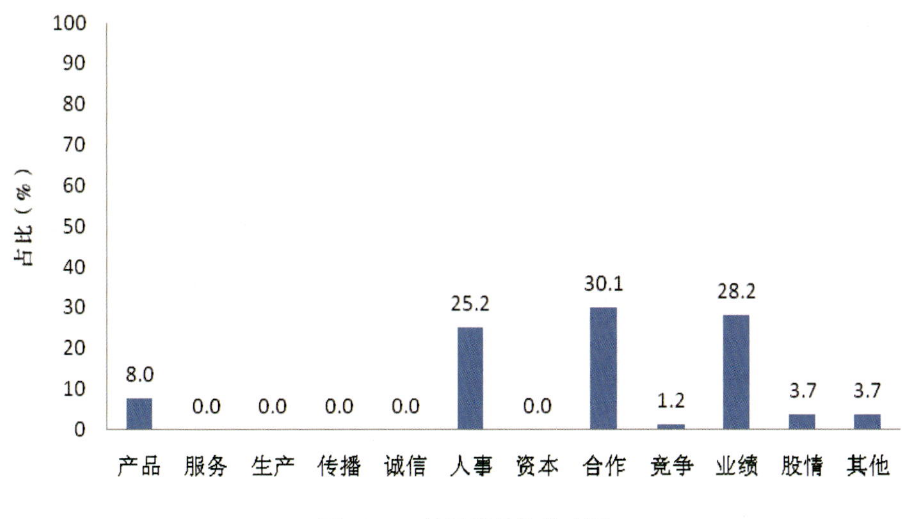

图 10–8 波司登品牌的病因

9. 中国平安

中国平安 2013 年健康指数排名第 14，2014 年升至第 9，指数为 82.9。总体健康状况良好，主要问题是业绩不佳、股价下滑（见图 10–9）。具体包括：2014 年 1 月，平安领跌保险板块；2 月，平安冠名中超被曝存黑幕；3 月，因“昆明暴恐事件”和“马航失联事件”，平安须赔付寿险客户；8 月，云南鲁甸地震，中国平安完成云南地震首笔赔付；11 月，平安一副行长为帮朋友还高利贷，诈骗 3 000 万元；12 月，中国平安 H 股定增收官，定增一日蒸发近 30 亿港币。

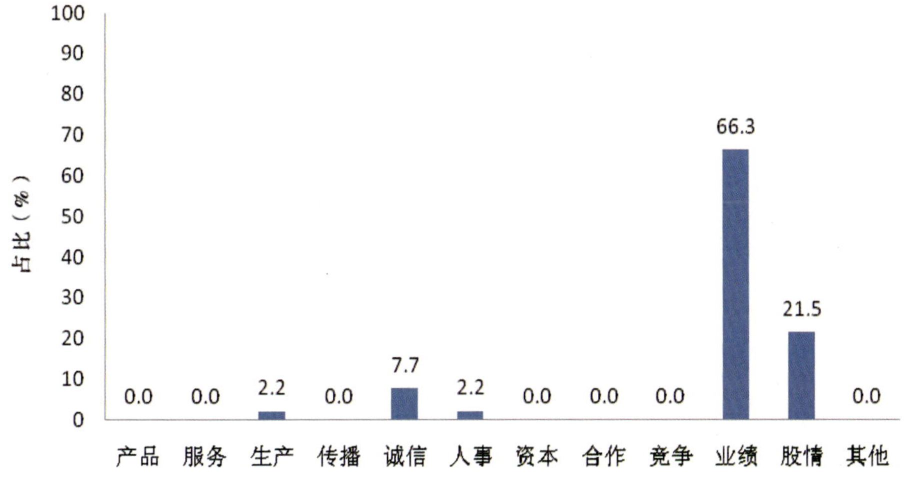

图 10–9 中国平安品牌的病因

10. 百丽

百丽 2013 年健康指数排名第 24，2014 年升到第 10，指数为 82.4。总体健康状况良好，其品牌、产品本身没有什么问题，不足之处是股情不利、业绩不佳（见图 10–10）。

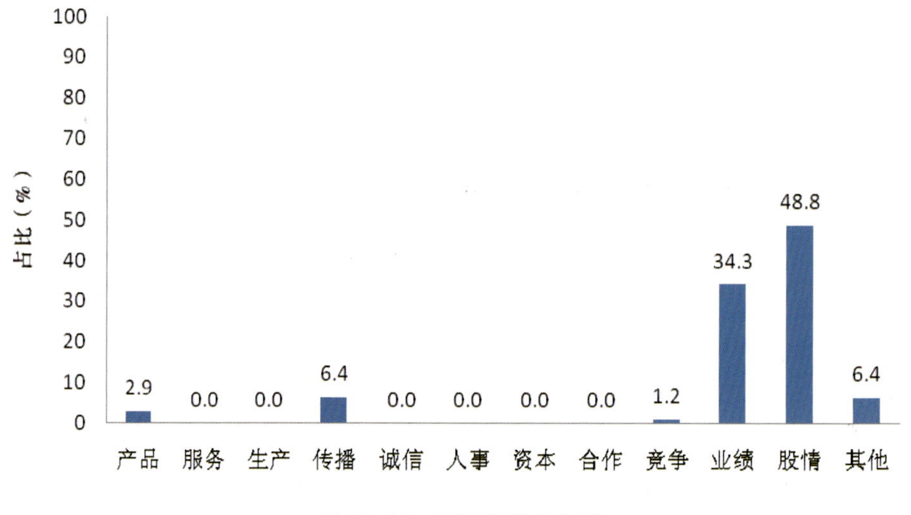

图 10–10 百丽品牌的病因

11. 青岛啤酒

青岛啤酒 2013 年健康指数排名第 4，2014 年退到第 11，指数为 81.7。总体健康状况良好，但在传播和人事方面仍有一些小问题（见图 10–11）。具体是：在传播上，2014 年 6 月，世界杯西班牙出局，青岛啤酒被迫撤央视广告片；8 月，被造谣是“日本控股”；4、8、11 月，均有品牌被“山寨”、产品被假冒的新闻曝出。在人事上，2014 年 2 月，副总孙玉国因年龄原因辞职；4 月，公司业务员侵吞赞助费一审获刑。在股情上，2014 年 2 月下旬至 3 月中旬，青岛啤酒股市连跌。在产品上，6、7、10 月，均曝出瓶内现沉淀物的负面新闻。在诚信上，2014 年 10 月，4 000 多瓶过期的青岛啤酒改日期销售，被现场截获。

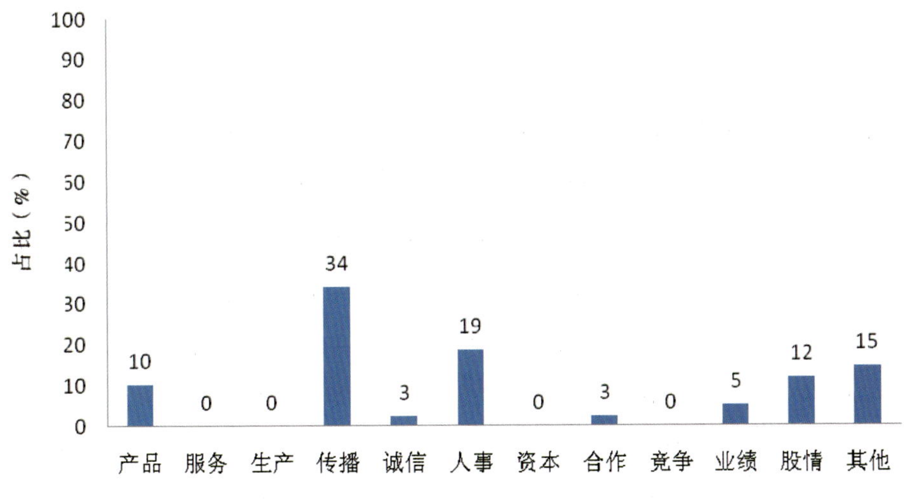

图 10-11　青岛啤酒品牌的病因

12. 燕京

燕京 2013 年健康指数排名第 28，2014 年排名第 12，指数为 79.6。总体健康状况中上，问题主要出在产品上（见图 10-12），具体包括：2014 年 6 月底，燕京啤酒被曝泡沫持久性未达标；7 月末，燕京啤酒出现未开封便少 1/3 的现象；9 月，超期啤酒爆炸伤人；10 月，“过劳”酒瓶在搬运中发生爆炸，燕京遭分销商状告；12 月，食药总局抽检饮用水，燕京啤酒被检出不合格。其他问题还包括：2014 年 2 月和 6 月，燕京涉嫌偷排超排；业绩净利下降、股价下跌等。

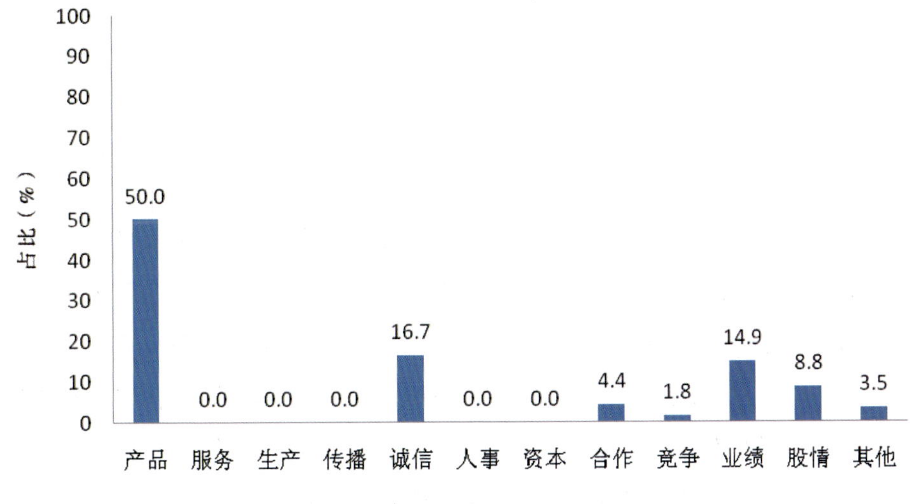

图 10-12　燕京品牌的病因

13. 安踏

安踏 2013 年健康指数排名第 25，2014 年排名第 13，指数为 75.9。总体健康状况中等，问题主要出现在股情、传播和合作上（见图 10–13）。具体包括：

（1）传播方面：2014 年 12 月，谣传 CEO 丁世忠牵涉政商黑幕，离境出逃。

（2）合作方面：2014 年 3 月，因存货量大，关店潮继续；8 月，安踏遭遇历史最高库存尴尬；9 月，安踏供货商、索力鞋业老板携巨款潜逃。

（3）股情方面：2014 年 10 月，安踏体育高层及其家属套现 11 亿元，创三年最大跌幅；12 月，因之前种种传播和合作方面的原因，股票大跌，甚至跌停。

（4）其他方面：2014 年 4 月，安踏进军户外用品市场，成败难料。

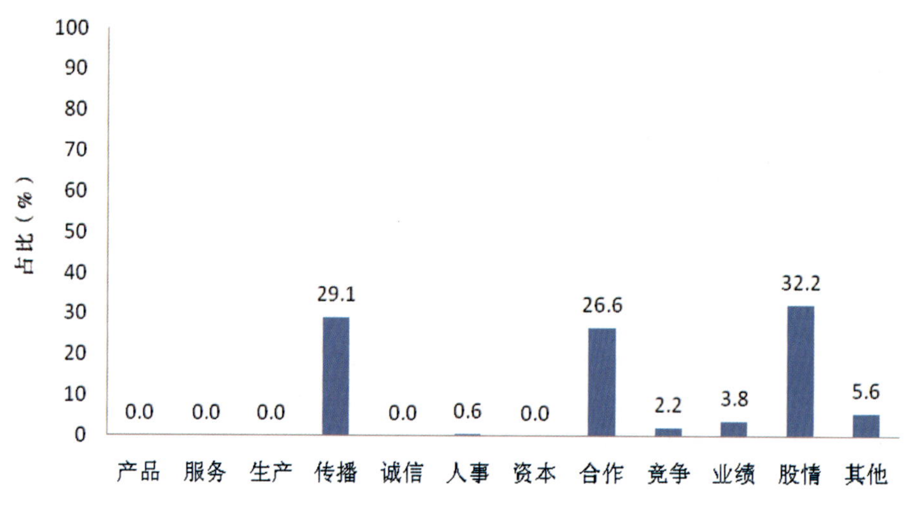

图 10–13　安踏品牌的病因

14. 同仁堂

同仁堂 2013 年健康指数排名第 46，2014 年跃居第 14，指数为 75.7。总体健康状况中等，问题主要出现在传播、产品和诚信上（见图 10–14）。具体问题如下：

（1）传播方面：违法广告、虚假宣传、商标纷争、假冒产品等问题不断。2014 年 3 月，北京同仁堂被曝违法广告频发，清心明目上清丸再上黑榜；南京同仁堂上榜重庆食药监局公布的十大违法广告。5 月，同仁堂颐寿园蜂蜜涉嫌虚假宣传被曝光。6 月，北京食药监局公示违法广告，同仁堂冠脉通片上榜。9 月，同仁堂又上北京食药监局的违法广告榜；同时，男子伪造北京“同仁堂”商标案在广州过堂。

（2）产品方面：2014 年 3 月，北京同仁堂清心明目上清丸上黑榜；4 月，媒体称同仁堂等多家药企的药品含“断肠草”等毒性中药材；4—5 月，被曝阿胶原料质量较差，一项指标不合格；7 月，媒体称何首乌或致肝损伤，同仁堂涉入；8 月，同仁堂牛黄解毒片被曝含毒；9 月，同仁堂等虫草衍生品被曝效用不大，含着吃也被指是忽悠；10 月，北京同仁堂“美白祛斑回春素套装”被曝汞超标，同仁堂回应称产品系假冒。

（3）诚信方面：2014 年 3 月，桂龙药膏在外地被查处，青岛威海路同仁堂却被曝还在卖；10 月，同仁堂等药企被报道囤人参致使其价格飞涨。

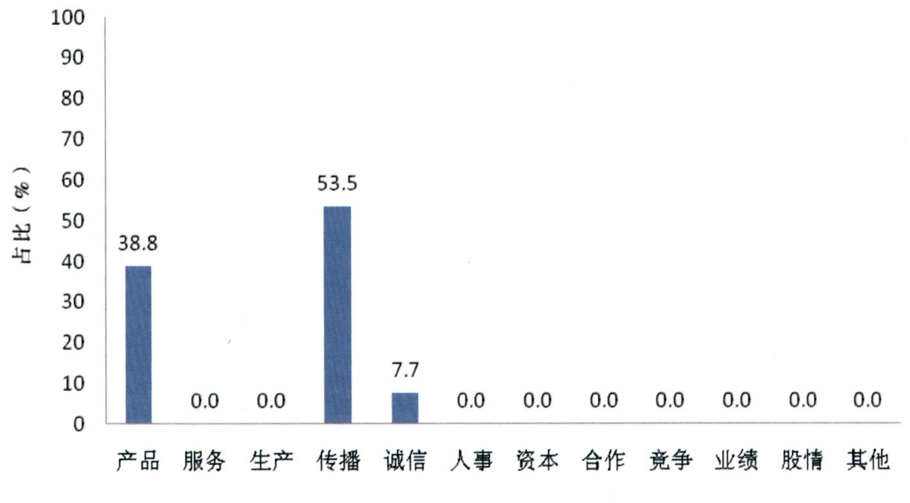

图 10–14　同仁堂品牌的病因

15. 双汇

双汇 2013 年健康指数排名第 19，2014 年升至第 15，指数为 75.9。总体健康状况一般，很多方面都有一些小问题（见图 10–15）。2014 年 1 月，弋阳出现双汇肉店被砸事件。2 月，双汇台式烤香肠出现黑色不明杂物。4 月，双汇母企万洲国际在香港上市，因收购开支繁重导致业绩转亏，负债 74 亿元；消费者投诉双汇鱼肉肠中吃出异物。5 月，双汇被曝与其他企业联手抬高猪肉价格。7 月，双汇回应多条网络谣言，专程赴京起诉。8 月，双汇被希望集团以包装侵权告上法庭。10 月，济宁曝保质期内火腿肠外包装“长毛”事件；双汇营收净利双双下降，股价下跌，百亿市值蒸发。

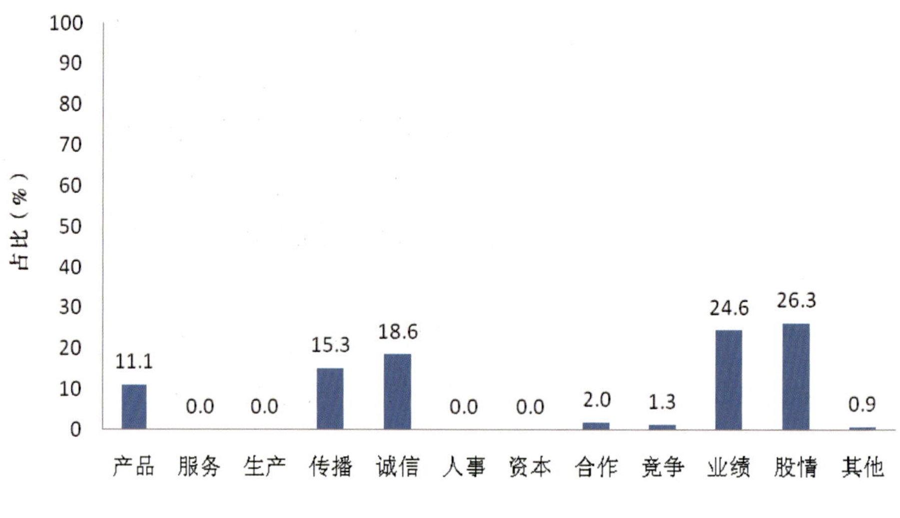

图 10-15 双汇品牌的病因

16. 蒙牛

蒙牛 2013 年健康指数排名第 13，2014 年稍退到第 16，指数为 72.7。总体健康状况一般，问题主要出现在诚信上（见图 10-16）。影响品牌健康的事件有：2014 年 2 月，蒙牛状告天津特仑苏侵权；6 月，蒙牛高管再次“换血”，被指业绩压力下稍不如意就换人；7 月，名模张亮状告蒙牛侵犯肖像权；8 月，蒙牛虚假标签欺骗消费者，将调制乳标为牛奶，声称业内均如此；9 月，蒙牛回应降价风波，称已与奶农达成协议继续合作，此事也被炒得沸沸扬扬；11 月，一西安市民告蒙牛欺诈，即调制乳被称为牛奶之事，接着出现儿童牛奶营养含量略低问题，之后又出现特仑苏供应商现代牧业的“病牛门”事件。

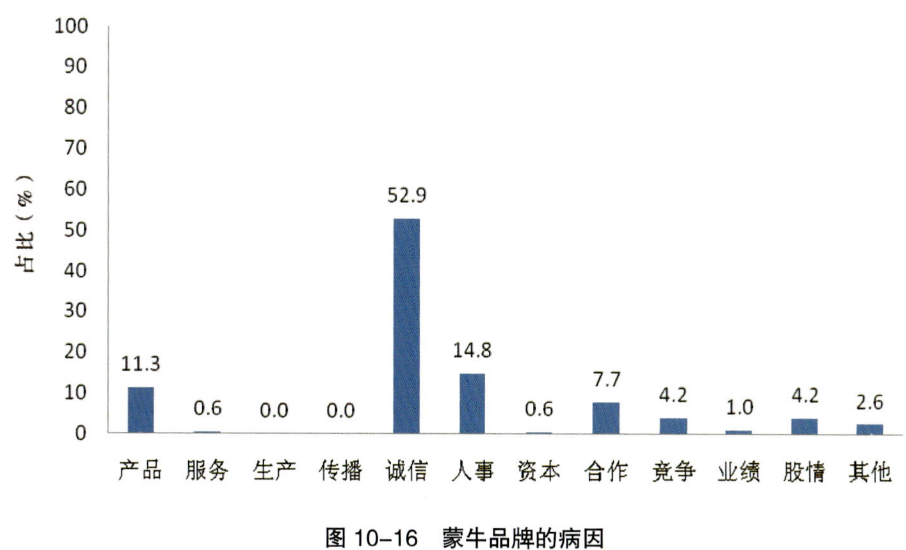

图 10–16　蒙牛品牌的病因

17. 云南白药

云南白药 2013 年健康指数排名第 2，2014 年排名第 17，指数为 72.5。总体健康情况一般，其产品、传播和诚信均有点问题（见图 10–17）。

（1）产品方面：主要有“含毒风波”“毁容门”和名列不合格产品黑名单三个事件。2014 年 4 月，云南白药被曝产品说明书国内外不同，引发云南白药含毒（即断肠草或草乌）风波，整个 4 月，事件在多个媒体中持续发酵；5 月，被曝云南白药和红药水一起用致毁容，产品陷入“毁容门”漩涡；6 月，云南白药被检出不合格产品，名列黑名单。

（2）传播方面：主要是公关不力和防伪困局。在“含毒风波”和“毁容门”事件中，均以“阴谋论”“被黑”为公关托词。2014 年 6 月，200 箱冒牌“云南白药”牙膏被查获；7 月，广东医生在微博上发布质疑云南白药的言论，上演动用警方跨省追查该医生的戏码，遭网友炮轰；8 月，媒体发文探讨云南白药牙膏的防伪困局。

（3）其他方面：2014 年 6 月，出现关于云南白药股市下滑的报道；7 月，出现云南白药股票较高点缩水四成的报道以及云南白药在大理景区借养生项目盖别墅的负面新闻等。

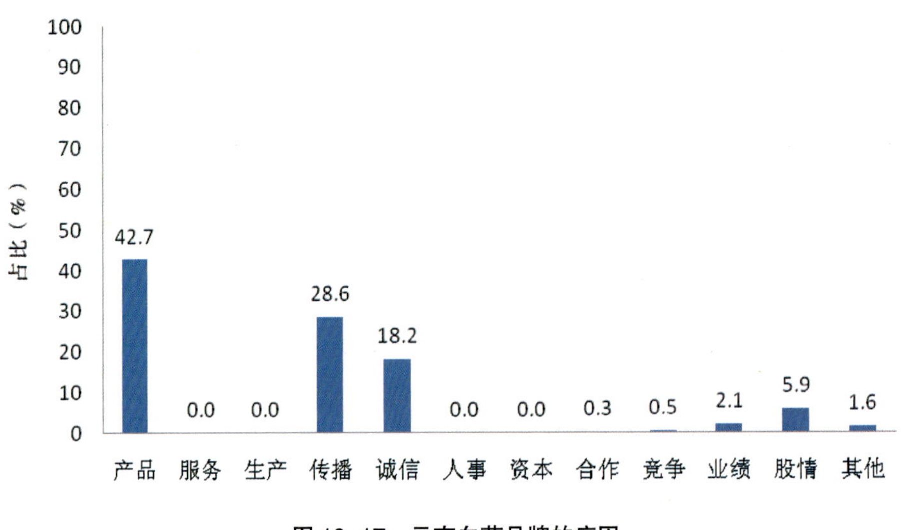

图 10-17　云南白药品牌的病因

18. 海尔

海尔 2013 年健康指数排名第 47，2014 年大步跃至第 18，指数为 72.0。总体上健康状况一般，主要问题出现在人事方面（见图 10-18）。具体情况为：2014 年 6 月，张瑞敏称，海尔将继 2013 年裁员 1.6 万人之后再裁员 1 万人，裁员对象以中层为主；各种相关报道进而涉及净利润下降、股票遭减持、制造业转型困难等。其他小问题包括：海尔橱柜承诺上门临阵变卦，售后为卖净水器“忽悠”顾客水质超标，海尔空调修三回仍不制冷等。

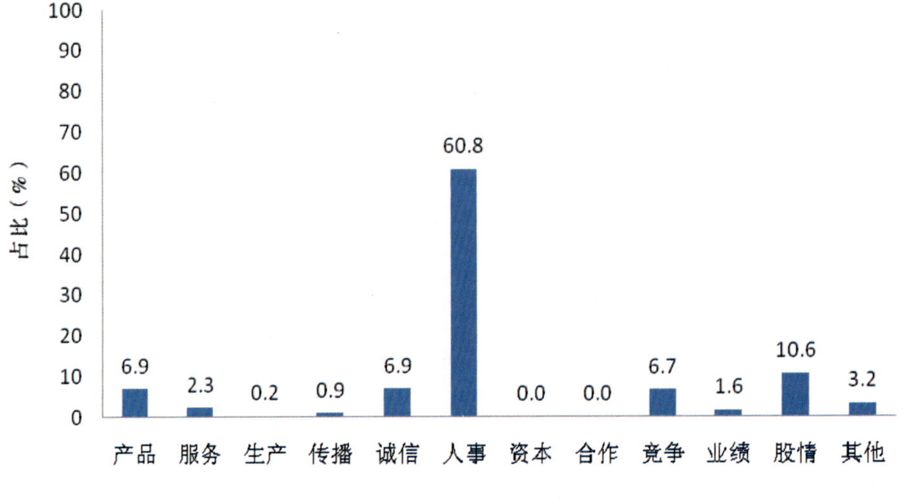

图 10-18　海尔品牌的病因

19. 阿里巴巴

阿里巴巴 2013 年健康指数排名第 32，2014 年升到第 19，指数为 71.1。总体健康情况一般，问题涉及多个方面（见图 10–19），真真假假，似是而非。具体是：2014 年 1 月，理财通收益力压余额宝，阿里巴巴遭遇资金大转移。4 月，阿里巴巴向壹基金捐 100 万元，李连杰戴口罩全程缄默；同月，一怀孕员工过劳死，加班情况双方说法不一。5 月，阿里巴巴入股文化中国涉嫌内幕交易。6 月，有人质疑阿里巴巴为“外国人打工”；此外，该月有阿里中层受贿 260 万元获刑八年半。7 月，阿里员工被违法解雇并起诉马云；同月，阿里巴巴打假被质疑存在地域歧视；此外，该月还出现了上市缄默期遭有组织的舆论敲诈。8 月，阿里巴巴公关总监惹侵权诉讼；另外，阿里巴巴侵犯知识产权案一审败诉；该月还曝出万达、百度、腾讯联手欲对付阿里巴巴。9 月，阿里巴巴被曝销售假海外代购凭证，搭配假货冒充代购商品，并传马云为辟谣移民香港。12 月，以色列发现阿里巴巴网站的两个漏洞。

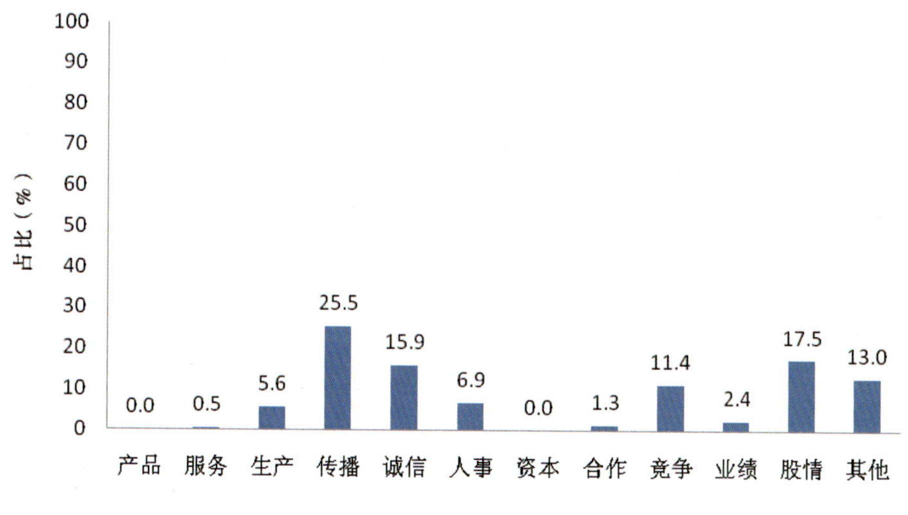

图 10–19　阿里巴巴品牌的病因

20. 美的

美的 2013 年健康指数排名第 36，2014 年升到第 20，指数为 69.9。总体健康状况及格，问题主要出现在竞争上（见图 10–20）。具体问题包括：

（1）竞争方面：主要是与格力的对战。2014 年 9 月底 10 月初，格力和美的掀起价格战，“血拼”十一黄金周，引发大量媒体关注；12 月，小米入股美的，遭格力董事长董明珠炮轰。

（2）传播方面：主要是频繁出现产品被假冒的新闻报道。

（3）诚信方面：2014 年 3 月，美的挂烫机涉嫌伪造数据，谎称销量第一；4 月，九阳公司状告美的、苏宁侵权，获赔 600 万元；5 月，净水市场遭质疑，美的做出回应；6 月，美的空调广告宣传一晚只费 1 度电，被指忽悠消费者。

（4）产品方面：2014 年 3 月，有消费者投诉美的冰箱内胆出现裂痕，报修半年售后未上门。5 月，越南发生大规模排华事件，美的受连累。7 月，美的柜式空调安装当天出故障，联系售后遭遇推托；有消费者投诉“美的”牌热水器漏水，发票丢失保修被拒；有消费者投诉刚买一年的美的空调因内外机型不匹配沦为废铁。9 月，市民质疑美的净饮机故障，商家只退第二次维修费。10 月，美的被曝电磁炉电磁兼容性不达标。

（5）服务方面：主要是售后服务差，投诉率高等问题。

（6）生产方面：2014 年 1 月，合肥美的集团冰箱工业园发生火灾。

（7）人事方面：2014 年 4 月，美的 600 名员工消极怠工。

（8）股情方面：2014 年 2 月，美的股市受重挫。

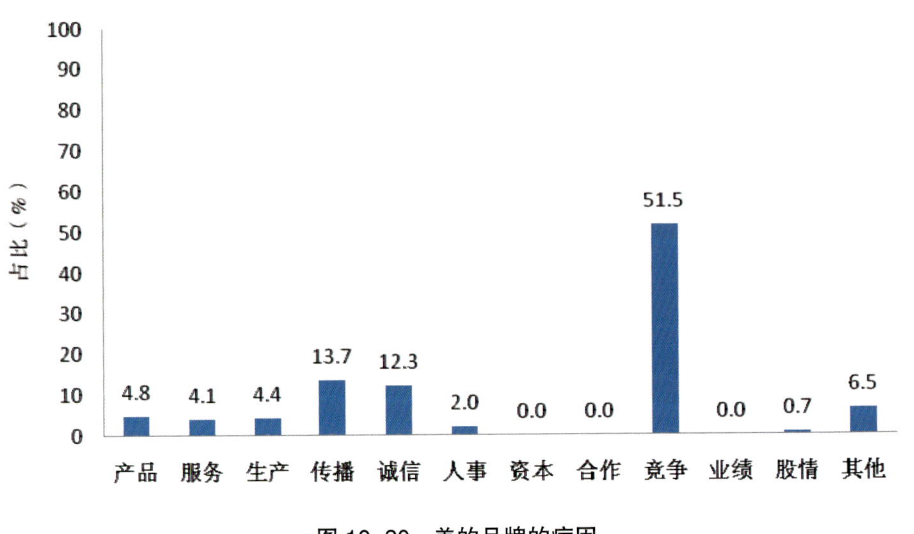

图 10–20　美的品牌的病因

21. TCL

TCL 品牌 2013 年健康指数排名第 43，2014 年排名升至第 21，健康指数为 69.0。整体健康状况及格，其问题主要出现在诚信、业绩和产品上（见图 10–21）。

（1）诚信方面：2014 年 1 月，TCL 主席李东生因逾期披露股份交易，被罚 1

万港币。4 月，TCL 自曝公司违规操作关联交易；因主营业务不给力，TCL 被曝出依靠政府补贴粉饰业绩。7 月，TCL 子公司涉嫌行贿，通过贿赂官员获取彩电补贴；随后 TCL 官方辟谣，否认通过行贿获取巨额补贴。

（2）业绩方面：2014 年第一季度，TCL 多媒体净利润下跌 92.21%；9 月，TCL 被曝空调旺季销量不增反降，彩电业绩连续两年下滑。

（3）产品方面：TCL 被爆出多款产品出现质量问题，成质量黑榜常客。2014 年 2 月，TCL 空气净化器参与测评，发现质量问题；9 月，TCL 电磁炉被爆质量问题严重；10 月，TCL 自动电饭锅被曝质量不合格，TCL 厨房电器抽检合格率仅三成，遭工商部门查封。

（4）服务方面：TCL 售后服务方面表现不佳。电视机维修收 160 元“上门服务费”引发消费者质疑；售后维修乱收费遭消费者投诉；洗衣机故障报修 5 个月仍无配件。

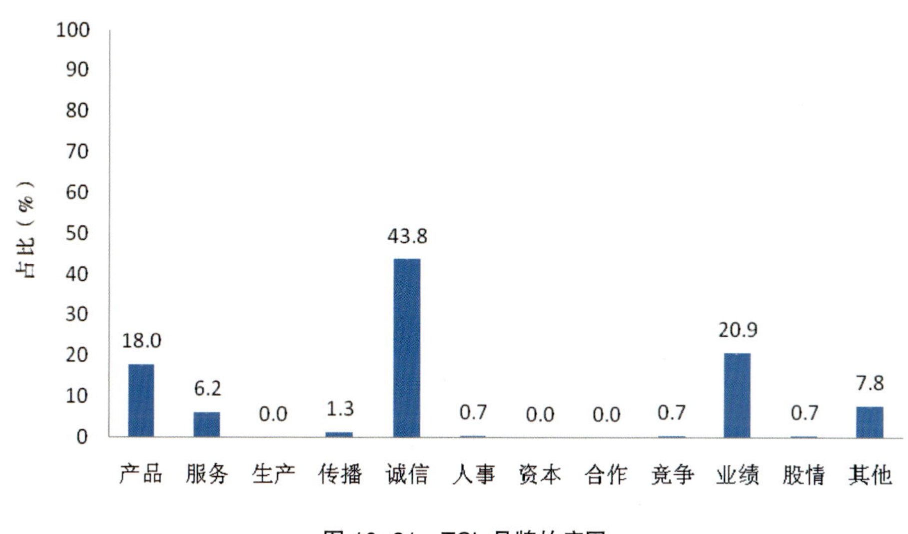

图 10–21　TCL 品牌的病因

22. 格力

格力 2013 年健康指数排名第 45，2014 年排名提高到第 22，指数为 66.7。总体健康水平及格，问题主要出在传播和人事上（见图 10–22），具体问题主要有：

2014 年 2—5 月，格力被曝克扣员工年终奖，媒体掀起报道浪潮，陷入“克扣门”和“血汗工厂”风潮；6 月，空调拆开 7 天无人修，售后服务差，经销商主动爆料格力“串货”；7 月，被爆空调半年多修两次，退货先付折旧费；12 月，贝昂起诉格力侵权等。

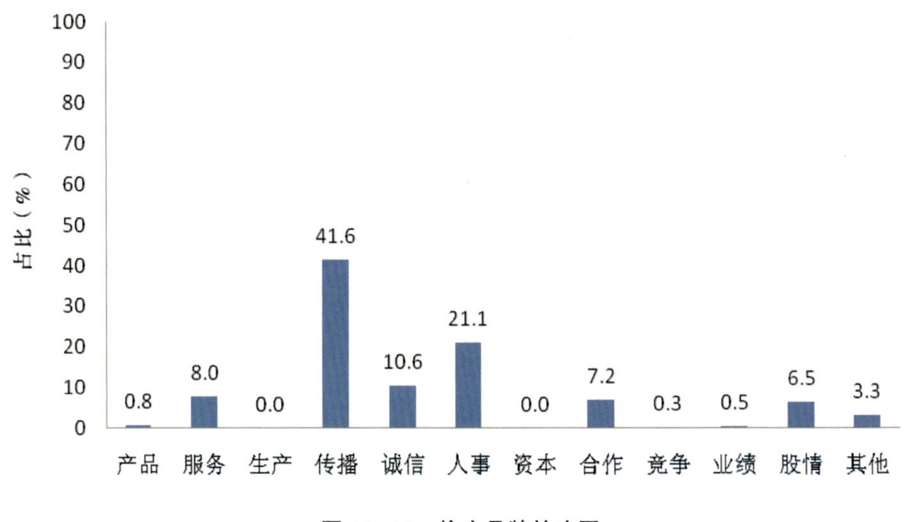

图 10-22　格力品牌的病因

23. 中信

中信 2013 年健康指数排名第 1，2014 年排名退到第 23，指数为 64.6。总体健康水平及格，问题主要出现在股情和资本运作上（见图 10-23）。具体问题主要有：

（1）股情方面：基本上全年每个月都有中信银行股价下跌的报道，3 月更是几近跌停。

（2）资本方面：主要是出现了核销不良资产、不良率超同业均值以及踩雷上海钢贸等相关报道。

（3）诚信方面：2014 年 1 月，私售理财产品被判补充赔偿；2 月，中信银行三天两冲涨停，被质疑信息披露不到位；5 月，ATM 机吞万元存款，中信银行只认 8 600 元还让买理财；7 月，被指洗钱；11 月，长沙分行因拒付 4 900 万元酒品回购款遭起诉；12 月，中信银行信用卡商城被诉售水货手机。

（4）生产方面：2014 年 5 月，中信银行网银出现漏洞；6—7 月，总行主机系统出现故障。

（5）人事方面：2014 年 1 月，女员工怀孕被辞；12 月，客户经理挪用三房巷 2 000 万元理财金。

（6）产品方面：2014 年 7 月，理财产品账面亏损超四成。

（7）服务方面：2014 年 3 月，被质疑泄露客户信息；6 月，莆田中信银行被曝中午仅开一个窗口，无视用户投诉。

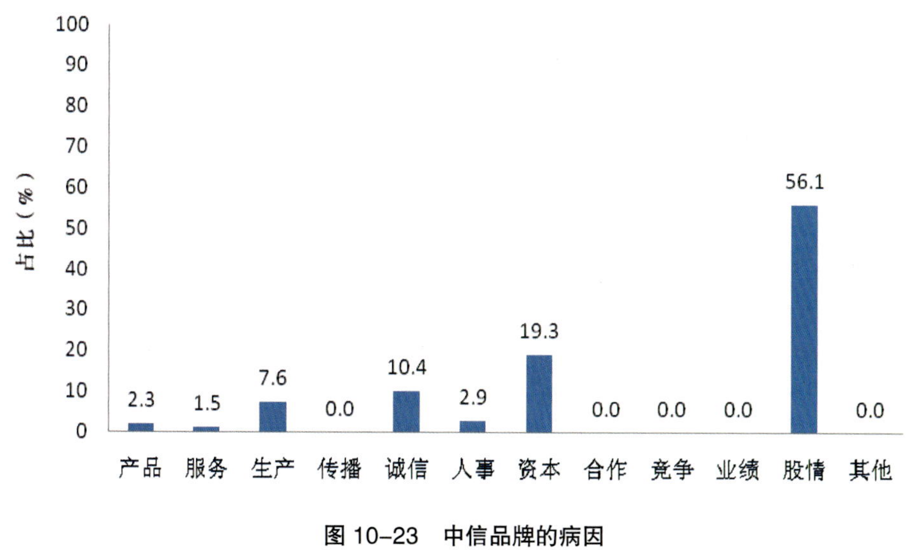

图 10–23　中信品牌的病因

24. 国美

国美 2013 年健康指数排名第 33，2014 年排名提高至第 24，健康指数为 63.9；健康水平及格，问题主要出现在服务和诚信上（见图 10–24）。

（1）服务方面：2014 年 1 月，泉州国美电器被报道安装不当，净水器漏水，用户新房遭水淹。3 月，国美电器网上商城标错价格，用户付款后国美拒不发货，被指店大欺客；多家媒体报道国美 2013 年投诉不断，线上消费体验差；国美电器出售的夏普电视有异味，国美客服辩称因顾客新房不通风。5 月，顾客在国美购买电器，空调漏发，国美三次承诺仍然没送到。7 月，顾客新购买的三星电视出现故障却只能维修，国美售后服务遭到质疑。10 月，国美又陷“错价门”，14 500 元电脑标成 1 450 元，不但不认账反而状告买家。11 月，国美在线被爆第三方入驻商家售假，国美在线“封店”严查。12 月，国美在线将 170 万元的宝马错标成 17 万元，商家单方面取消订单，送书包了事，这已是国美第三次深陷标错价乌龙，事后处理都未能让消费者满意。

（2）诚信方面：2014 年 3 月，国美电器被指以旧充新售翻新机，事后推卸责任；国美低价卖黄金挑战金店，298 元也有利润遭到质疑。4 月，江苏国美门店违规装修，被质疑管理混乱。8 月，国美电器两度被曝光价格欺诈。9 月，消费者投诉国美擅自将积分清零，称国美此举与抢钱无异。

（3）其他方面：内部邮件“泄密”，国美打响 2014 年电商价格战；国美陷入老化危机，瘦身电商保利润；国美以“揭黑者”身份阻击京东，却被评价黄金时代已过去；国美做黄金电商，被评论模式错误。

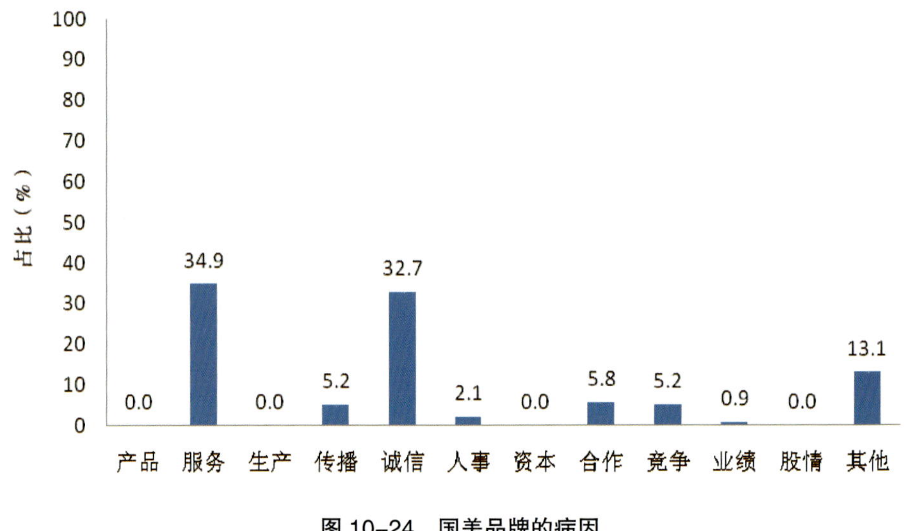

图 10-24　国美品牌的病因

25. 苏宁

苏宁 2013 年健康指数排名第 29，2014 年排名第 25，指数为 63.4；健康水平合格，问题主要出现在诚信和业绩上（见图 10-25），具体问题主要有：

（1）诚信方面：2014 年 2 月，有人用热水器洗澡触电身亡，家属状告苏宁，索赔 91 万元；3 月，长期缺货却显示有货，被指欺诈，净利大降，股价重挫，店面减少；4 月，苏宁被九阳状告侵权；6 月，苏宁牵手巴萨股价大涨，陷内幕消息泄露争议；12 月，央视曝光苏宁售卖报废联想笔记本电脑，引发媒体大规模报道。

（2）业绩方面：2014 年 2 月，苏宁业绩快报显示 2013 年利润总额同比下降 95.5%，净利大降 86%，创史上最大比例年度降幅，相关报道持续到 3 月。7 月，苏宁半年净利下滑九成，上市 10 年来首现中报亏损。10 月，曝苏宁环球前三季度业绩预计下降 90% ～ 97%；月底，又有报道称从卖褚橙到众筹海鲜，“双十一”大战苏宁开小差。

（3）传播方面：2014 年 3 月，李代沫吸毒让以其为代言的苏宁很受伤；5 月，平板电脑标错价，苏宁免费贴膜被指噱头，只提供一个尺寸原材料；8 月，苏宁易购“闪拍”遭恶意竞拍；12 月，苏宁又曝双十一“打脸”广告遭报复，废单疑遭恶意炒作。

（4）其他方面：2014 年 10 月，转让 11 家门店；苏宁环球被爆收购踩雷，泓霆影业被指负债累累。

（5）竞争方面：2014 年 11 月，苏宁和阿里从商标战到广告战，展开正面交锋。

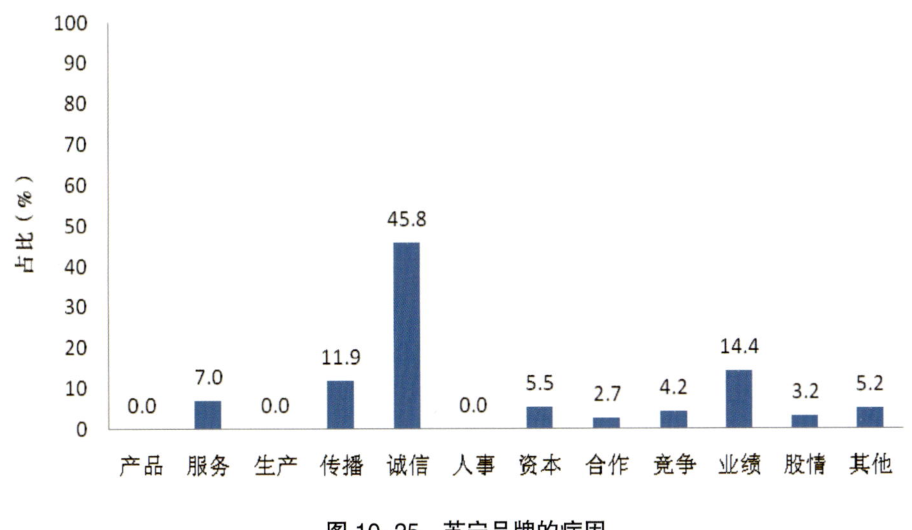

图 10–25　苏宁品牌的病因

26. 李宁

李宁 2013 年健康指数排名第 30，2014 年排名前进到第 25，与苏宁并列，指数为 63.4；健康水平及格，问题主要出现在业绩上（见图 10–26），具体问题有：

（1）业绩方面：2014 年 1 月和 3 月，媒体上有大量关于李宁亏损收窄的报道，但真正复苏尚未出现；4、7、8、10、11、12 月，都是关于李宁持续亏损的报道，关店数百家，放弃赞助国家体操队。

（2）传播方面：2014 年 3 月，被媒体指多品牌战略失败；8 月，终结 23 年体操赞助史；9 月，被批品牌定位高不成低不就；10 月，林丹放弃李宁，转投新赞助商的怀抱。

（3）产品方面：2014 年 2 月，被曝羽绒服抽检不合格；6 月，被曝球鞋一周就开胶，还被曝产品含毒上黑榜；11 月，被曝运动裤穿一周就起球，消费者退货几经波折。

（4）人事方面：2014 年 11 月，执行董事金珍君离职。

（5）竞争方面：对手安踏崛起，并于 2014 年 8 月取代李宁赞助国家体操队。

（6）股情方面：2014 年 1、2、3、4、7、8 月，出现国际金融机构降低李宁评级等的相关报道；12 月，有大量李宁股价创十年新低的报道。

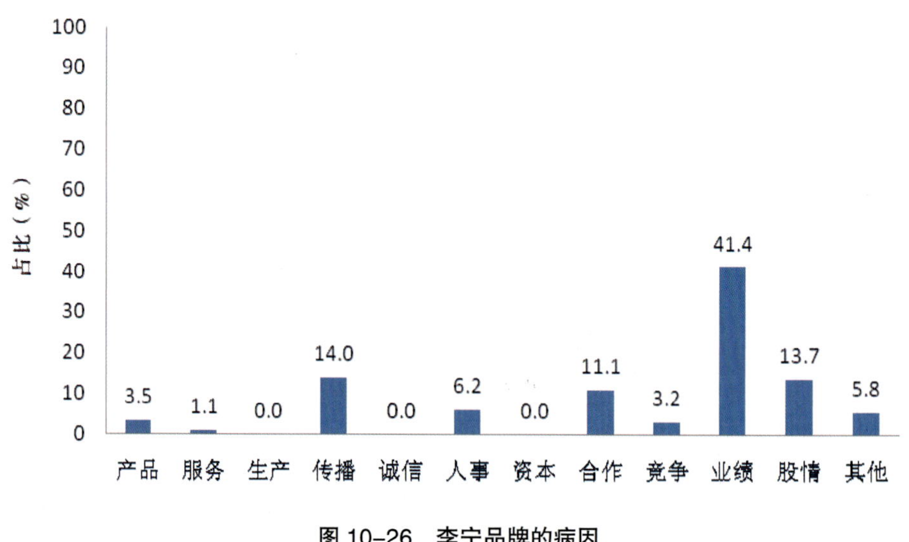

图 10–26　李宁品牌的病因

27. 电信

电信 2013 年健康指数排名第 20，2014 年排名退到与中粮、交行并列的第 27，指数为 61.3；健康水平刚刚及格，问题主要出现在诚信和业绩上（见图 10–27），具体问题主要有：

（1）诚信方面：2014 年 2 月，被指网速缩水，百兆宽带被疑宣传噱头；因涉嫌垄断被发改委要求整改。4 月，手机按月流量清零，被指霸王条款，遭市民起诉；花 31 万元购买的“靓号”被收回，长沙一消费者状告中国电信。7 月，电信被曝欠费停机后照收钱。8 月，电信宽带被曝强制绑定手机号，销号难，被指霸王条款。9 月，中国电信公开 iPhone 6 规格，违反保密协议。12 月，下属动漫网站涉黄涉暴被查，老人机被扣高额上网费被投诉。

（2）业绩方面：2014 年 1—10 月，用户持续大量流失；5 月，净利下降；8 月，被指 4G 业务是软肋。

（3）服务方面：2014 年 1 月，海口服务网点被曝业务不熟；3 月，流量清零遭拍砖，服务质量惹争议；7 月，关闭机场、火车站贵宾厅，还存在误收费、乱收费等现象。

（4）生产方面：2014 年 3 月，潍坊地区线缆故障影响居民上网；4 月，被曝宽带屡修屡坏；5 月，镇江中山东路电信光缆因施工被挖断；7 月，中国电信 FDD 被指基站建设存软肋，短期难覆盖全国。

（5）传播方面：有人冒充中国电信诈骗。

（6）人事方面：2014 年 4 月，电信员工伙同他人卖六连号牟利被抓，公款吃喝被中纪委通报；5 月，云南昆明电信员工被曝砍人；6 月，福建漳州分公司原总经理李浪涉嫌违法被查。

（7）合作方面：2014 年 10 月，中国电信“悦 me 盒子”被多家电视台叫停。

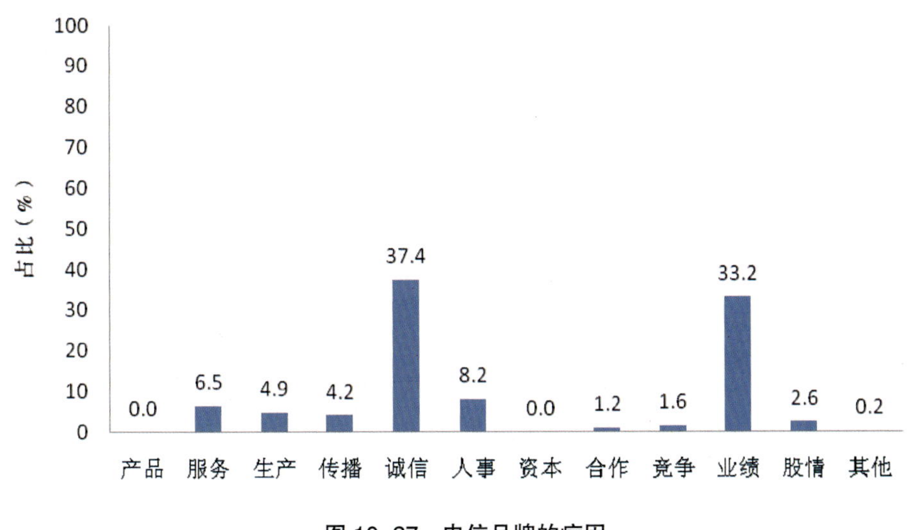

图 10–27　电信品牌的病因

28. 交行

交行 2013 年健康指数排名第 7，2014 年排名退到与中粮、电信并列的第 27，指数为 61.3，健康水平刚刚及格。影响其健康的因素主要出现在生产和诚信方面（见图 10–28），具体问题主要有：

（1）生产方面：2014 年 1 月，媒体报道储户在交行 ATM 取款却不吐钞，存 1 万元凭条显示 0。6 月，持卡人质疑交行风险控制，其密码被改却未收到任何短信。7 月，信用卡被盗刷，交行调查无限期，无奈销卡。8 月，交行信用卡丢不起，挂失补办费最高数百元。9 月，信用卡被盗刷，系统出故障，多地 ATM 机扣款吞钱，引发大规模媒体报道；同月，交行系统被指八年三曝故障，银行科技创新成空谈。10 月，交行手机银行官网遭劫持，跳转至广告网站。

（2）诚信方面：2014 年 2 月，央视曝交行乱收费，企业贷 9 000 万元，多收 80 多万元。3 月，投资者质疑交行误导销售基金，导致其亏损，银监局介入调查。9 月，交行上调手续费，信用卡分期暗宰人。11 月，银行合同条款尽显“霸气”被点名通报；同月，交行等七家银行还因信用卡违规被罚 240 万元。12 月，光大交行员工设七亿大骗局，两人私募基金涉嫌诈骗。

（3）资本方面：2014 年 4 月，不良贷款率提升。11 月，交通银行存款较年初负增长；同月，随着金融脱媒愈演愈烈，第三季度上市银行存款大幅流失，交行存款流失比例三个季度达 5.93%，不良贷款余额增近 20%，净利增速倒数。

（4）股情方面：2014 年 7—9 月，银行板块都出现了一定程度的下滑，交通银行领跌。12 月 9 日，银行保险板块下挫，交通银行跌逾 7%，至 15 日，银行股全线下跌，交通银行跌逾 3%。

（5）人事方面：2014 年 11 月，交行安徽分行原高级督察受贿，张口就借“百万”。

（6）产品方面：2014 年 1 月，网友抱怨交行 APP 越升级体验越差。

（7）其他方面：2014 年 11 月，诈骗人员发伪交行链接，市民点击后存款被盗；12 月，骗子再出新招，交行“95559”服务发钓鱼网址。

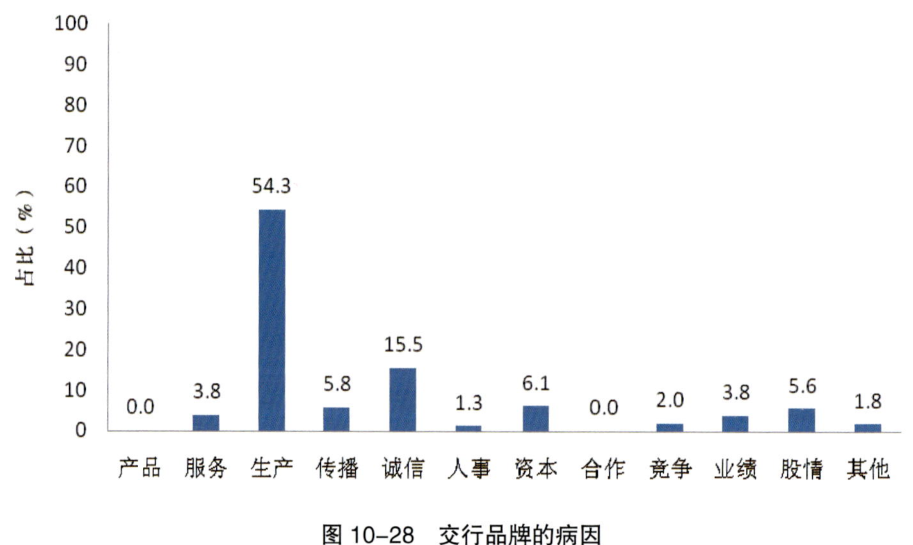

图 10–28　交行品牌的病因

29. 中粮

中粮 2013 年健康指数排名第 3，2014 年排名退到与交行、电信并列的第 27，指数为 61.3，健康水平及格（见图 10–29）。中粮集团的品牌健康问题包括多个方面，具体有：

（1）产品方面：中粮被曝面粉中添加增筋剂，其分解物毒性超标 90 倍；永和豆浆被检出转基因成分被销毁；进口饼干含罂粟籽被查处；美国廉价转基因食品被退运，中粮被指存在违法行为；中粮我买网所售红茶被曝稀土超标。

（2）诚信方面：2014 年 3 月，中粮万科业主集体诉讼讨要“上学权”，因中粮万科卖房时承诺“买房即可上北京四中”；中粮北京地产项目盈利困难被套牢。8 月，中粮地产陷入“地王陷阱”，拿地超一年仍在挖地基。

（3）资本方面：中粮信托被理财产品冒名；中粮联手私募重金投资生猪养殖，导致其因资金短缺发展缓慢；中央巡视组查出中粮高管用公款打高尔夫球；燃料乙醇补贴 2016 年将取消，中粮生化业绩或缩水超千万；中粮控股前 9 月预计亏损 13 亿元。

（4）其他方面：中粮我买网卖过期订货卡，消费者要求三倍赔偿；个别高管收受他人钱款；中粮高管购房延期交款，因违约被免职。

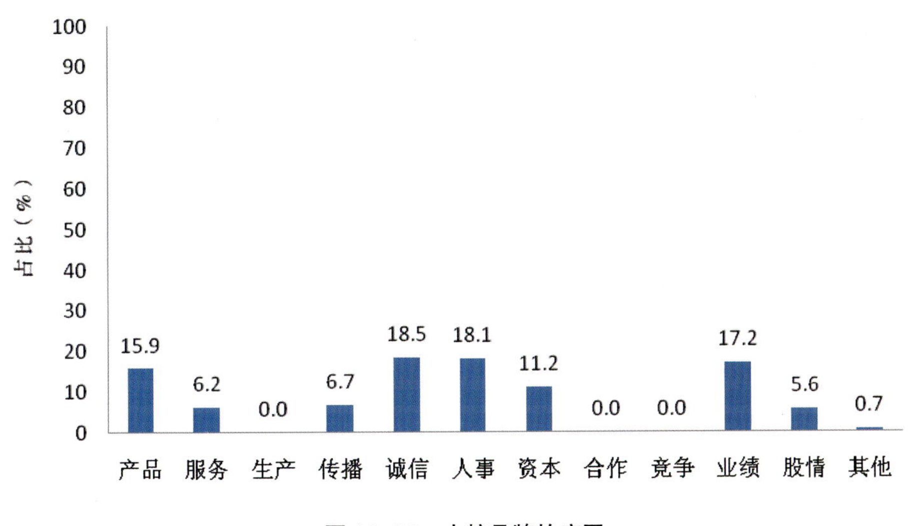

图 10–29　中粮品牌的病因

30. 搜狐

搜狐 2013 年健康指数排名第 21，2014 年排名退至第 30，指数为 60.2；健康水平勉强合格，问题主要出现在诚信和业绩上（见图 10–30）。

（1）诚信方面：2014 年 1 月，央视曝光搜狐开发软件大肆发送垃圾邮件，工商局曝光搜狐等主要网站广告违法率达 33%。3 月，广电总局电影频道诉搜狐侵权，涉案作品多为大片。4 月，中粮集团诉搜狐等 4 家公司侵权“大悦城”商标，索赔 100 万元。6 月，搜狐起诉今日头条侵犯著作权和不正当竞争，今日头条随后反击起诉搜狐商业诋毁，要求其公开道歉并索赔 100 万元。9 月，搜狐报道王思聪掷千万为兔女郎拉票，遭到王思聪诉讼，称搜狐侵犯其名誉权；在政府开展的“净网行动”中，搜狐因传播淫秽色情信息被罚 5 万元。

（2）业绩方面：搜狗派息业务导致搜狐 2013 年由盈转亏，全年亏损 1 800 万美元；视频“烧钱”导致搜狐连亏三个季度。

（3）人事方面：2014 年 3 月，多名高管离职，搜狐迎来激烈动荡期；8 月，网传搜狐 CEO 张朝阳吸毒被抓，张朝阳录视频辟谣；9 月，搜狐一高级经理受贿 47 万元违规删帖。

（4）产品方面：2014 年 4 月，搜狐视频多部美剧下架，押宝美剧复兴计划落空；搜狐自制剧涉嫌低俗，也被下架。

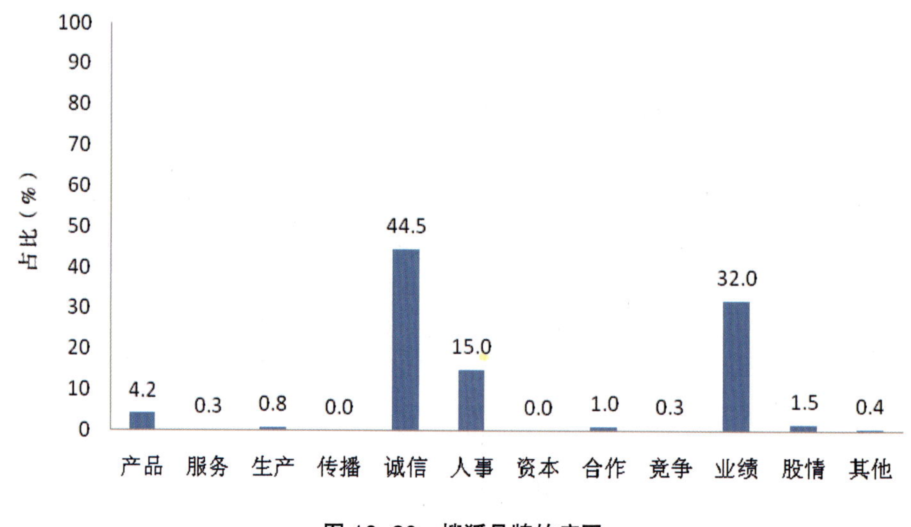

图 10–30　搜狐品牌的病因

31. 百度

百度 2013 年健康指数排名第 37，2014 年排名第 31，指数为 60.0，健康状况勉强合格。其中竞争是影响其健康的主要因素，诚信、人事和服务是次要因素（见图 10–31），具体病因包括：

（1）竞争方面：2014 年 1 月，奇虎 360 再诉百度不正当竞争，索赔 800 万元。4 月，百度遭 360 诉恶意诋毁，索赔千万元案件开庭；同月，UC 手机浏览器声明称百度疑似利用垄断打击神马搜索。5 月，UC 手机浏览器与百度撕破脸，删了百度搜索；另外百度与搜狗、乐视也有纠纷。11 月，BAT “超体”竞赛，百度被低估；同月，360 和百度再开战，为“苹果病毒案”掐架，陷名誉侵权纠纷。12 月，百度继续与 360 掐架，打口水战，互指对方产品为流氓软件；还卷入同花顺万得诉讼“拉锯战”。

（2）人事方面：2014 年 2 月，“百度第二司机”被撞身亡，肇事司机被判 8 个月，相关身后赔偿问题持续发酵到 6 月，家属争赔偿金；11 月，百度自曝四起反腐案，聘离职警察进行内部调查。

（3）诚信方面：2014 年 1 月，日媒再炒百度日文输入法或泄密。2 月，“百度迁徙”大数据被指会侵犯隐私；被海文状告侵权。4 月，新三板公司“亿房”诉搜狐百度侵权，百度还遭大众点评网索赔 9 000 万元；同月，全面下架 P2P 推广，百度自建白名单惹质疑。

（4）服务方面：2014 年 7 月，北京破获利用百度账号系列盗刷信用卡案。

（5）传播方面：2014 年 4 月，百度回应 OpenSSL 漏洞；6 月，央视郭振玺被抓，被指曾“史无前例”连续四天炮制百度负面消息。

（6）生产方面：2014 年 6 月，百度搜索疑似出现故障，搜索结果大面积留白。

（7）其他方面：2014 年 9 月，百度与分享通信合作对外公布“贴吧专属套餐”被指太贵；10 月，百度及阿里试水电影众筹遭滑铁卢，票房惨淡。

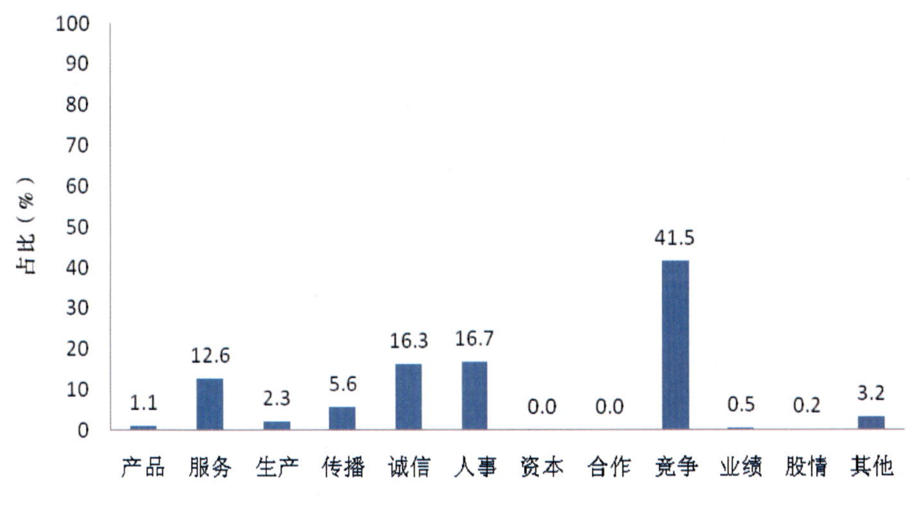

图 10–31　百度品牌的病因

32. 招行

招行 2013 年健康指数排名第 44，2014 年排名前进到第 32，指数为 59.5，健康状况不合格。其问题主要出现在生产、诚信和资本上（见图 10–32），具体问题主要有：

（1）生产方面：主要是信用卡盗刷、系统漏洞、短信诈骗、ATM 机故障、假币等问题。2014 年的 1、3、5、7、9、10、11 月，信用卡被盗刷的相关报道频繁出现；5 月，被曝招行等银行短信系统出现漏洞，骗子利用假入账实施诈骗；7 月，招行卡被曝盗刷资金流向手机充值卡，变洗钱工具，网银也被爆存在漏洞；8 月，市民投诉 ATM 机吞钱，招行单方“清机”引质疑；11 月，客户兑美金 19 天后现 4 张假钞，招行陷“假币门”；12 月，招行积分平台被曝“漏洞”，可随意查看客户隐私。

（2）诚信方面：2014 年 2 月，被曝涉嫌虚开假发票，招行回应称属正常餐费。3 月，储户莫名被办招行储蓄卡，十年没用难注销；招行诱导投资者买投连险，拒绝全额赔偿遭投诉；深圳招行用户接推销电话后被扣 3 月保费，投诉三年未果；招行被指盗用客户信息办加油卡，回应称错在加油站。4 月，招行因比特币交易被央行点名批评。5 月，基金当理财产品卖，招行被指欺骗。7 月，青岛市民招行提前还贷遇难题，10 年贷款竟变成 15 年；招行被指银行理财收益不透明。8 月，招行理财处处设卡、收益缩水，被指“六宗罪”。9—10 月，媒体大量报道京东卖招行理财产品被监管叫停。

（3）资本方面：出现关于不良率上升的报道。

（4）产品方面：出现理财产品未达预期收益、屡上黑榜的相关报道。

（5）服务方面：招行信用卡被指服务差；信用卡短信提醒设门槛，被网友质疑不管小钱。

（6）人事方面：2014 年 7 月，招行被曝客户经理骗钱。

（7）竞争方面：2014 年 5 月，招行零售贷款占比第一的位置被超。

（8）业绩方面：2014 年 4 月，净利下滑；11 月，第三季度资产增长失速。

（9）股情方面：2014 年 1—2 月，股价下跌。

（10）其他方面：P2P 平台被叫停。

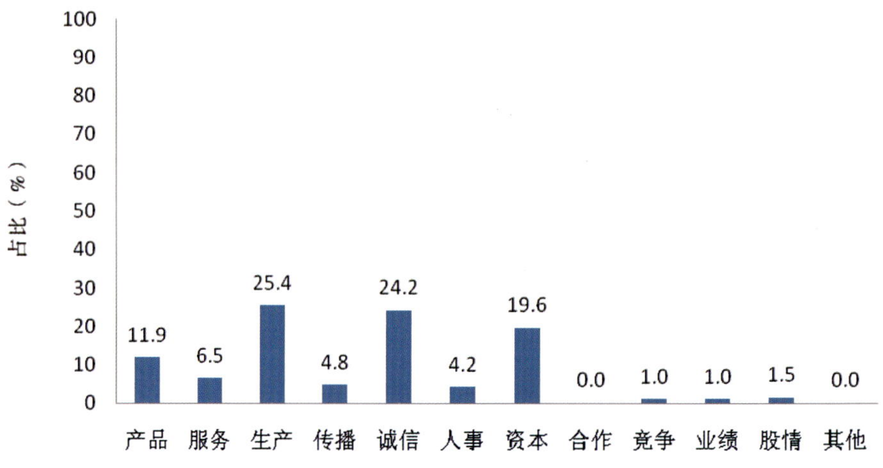

图 10-32　招行品牌的病因

33. 建行

建行 2013 年健康指数排名第 8，2014 年排名倒退至第 33，指数为 58.6，健康状况不合格。其问题主要出现在人事和资本上（见图 10–33）。

（1）人事方面：建行管理层存在诈骗、侵占存款行为，引发社会关注。2014 年 6 月，网曝建行美女行长诈骗 3.26 亿元被刑事拘留，女星许晴回应被前建行行长王雪冰包养传闻，以上事件因其特殊性而被媒体大肆转发报道，影响持续数月。8 月，西安一名建行员工疑因工作压力太大跳楼身亡；传建行推行减薪方案，高管薪酬减半，员工减一成。9 月，浙江青田建行原客户经理职务侵占 850 万元获刑 7 年。11 月，建行一支行副行长私吞储户存款；减薪方案推行，建行董事长将降薪 100 万元。12 月，吉林辉南建行原行长被指诈骗储户千万余元。

（2）资本方面：与往年相比，建行不良资产大幅增加。3 月，兴润置业 35 亿债务发酵，建行涉案 12.4 亿元居首位；建行 2013 年净利润增幅 11.12%，不良贷款余额攀升。4 月，江阴小贷老板跑路，建行农行过亿贷款或将打水漂。7 月，造船巨头破产引爆信贷炸弹，建行、交行等涉及 40 亿元贷款；黑龙江最大钢企负债 190 亿元濒临破产，建行、农行风险暴露；ST 景谷深陷财务泥潭，建行、农行紧急追讨逾期贷款。

（3）服务、诚信方面：网曝济宁小伙建行卡内存款消失，莫名被贷款，然后被要求还款；西安磁条卡换芯片卡，换卡费建行最贵；315 金融红黑榜建行投诉量位居前三；建行汽车卡被曝未开通也扣年费，属霸王条款；建行因客户积分 100 万而停其信用卡，称客户涉嫌不正当得利；山西临汾捆绑推行建行“一卡通”，考驾照须先办卡。

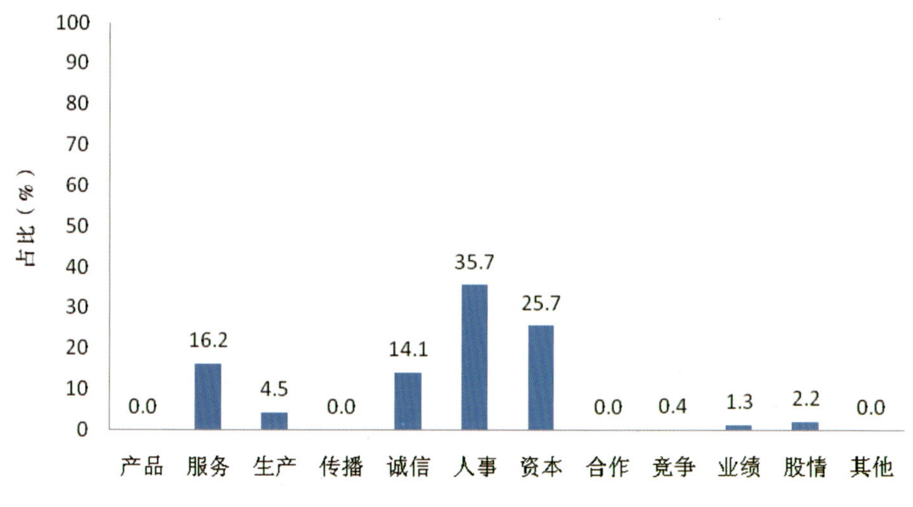

图 10–33　建行品牌的病因

34. 中国人寿

中国人寿2013年健康指数排名第38，2014年排名前进到第34，指数为58.3，健康水平不合格。其问题主要出现在股情和业绩上（见图10–34）。

（1）股情方面：2014年1月，中国人寿市值一年蒸发1 700亿元，高增长明星成明日黄花；6月，中国人寿闪跌9%的相关报道轰轰烈烈；12月，中国人寿领跌保险版块。

（2）业绩方面：2014年3月，中国人寿被曝2013年退保金增59.2%，主要是因为受到各类银行理财产品的冲击，部分银保业务退保增加；4月，大病保险首年报亏，第一季度净利减少三成；7月，上市险企上半年成绩单亮相，仅中国人寿负增长，保费净利双双下滑，被指转型道阻阵痛延续，相关报道连篇累牍；8月，保费收入同比下降3.5%，市场份额首次跌破30%；9月，中国人寿曝上半年总保费份额降7%，此后保险四巨头前八个月的保费出炉，唯有中国人寿同比下滑；10月，中国人寿前三个季度的保费收入2 714亿元，营业收入下跌0.5%，降幅逐渐放缓。

（3）诚信方面：2014年1月，保监会通报显示，2013年中国人寿人身险投诉量居首位。3月，中国人寿回访过程不合规遭保监会处罚；南京老汉人寿财险遭拒赔，诉讼4年讨回2.6万元；长沙业务员误导销售，仅仅一个月消费者10万元本金遭腰斩；同月，山东公司违规操作，误导老人投保。4月，中国人寿第一季度接911起投诉，排名居寿险企业第一位。8月，安徽保险投诉有效率有待提高，中国人寿被投诉较多。9月，中国人寿资管公司曝出年内第二起老鼠仓。10月，中国人寿未及时处理8 000多元理赔，被罚款20万元；虚构被保险人信息，被罚50万元；同月，湖南保监局被曝9月开10份罚单，中国人寿长沙分公司等被罚。11月，有男子18年前买中国人寿保单，现今保额3 000元变800元，中国人寿诚信受质疑。

（4）人事方面：2014年2月，开封支公司大量使用假发票，15人被捕；同月，前中国人寿营销员为笼络男友虚构理财产品骗钱受审。3月，中国人寿再历人事震荡，总裁万峰、副总裁刘英齐一同辞职，公司总裁职务由原来的副总裁林岱仁接任。5月，中国人寿涉嫌卷入老鼠仓案；同月还曝出中国人寿员工骗投保费千万，公司印章助非法集资事件。12月，证监会查办41起案件，中国人寿等涉案。

（5）竞争方面：2014年8月，中国人寿市场份额萎缩，市占率首次跌破30%，被指投资策略趋保守；9月，人事变动频繁也使中国人寿历转型阵痛，市场份额大跌7%；11月，中国人寿回应市场份额下滑，指减少趸缴是内因。

（6）服务方面：2014年6月，中国人寿防癌险被指地域歧视。

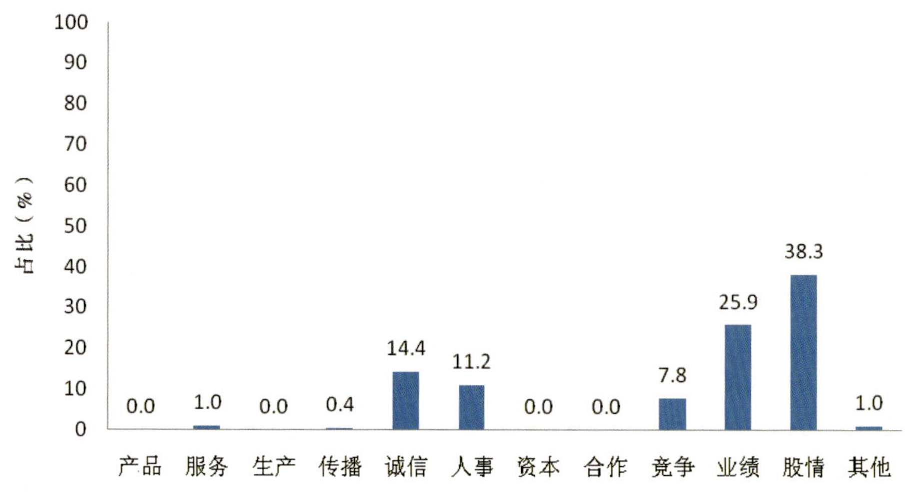

图 10–34　中国人寿品牌的病因

35. 泸州老窖

泸州老窖 2013 年健康指数排名第 27，2014 年排名退到第 35，指数为 57.9，健康状况不及格。其问题主要出现在业绩上（见图 10–35）。

（1）业绩方面：泸州老窖净利持续下滑，业绩不佳。2014 年每个月都有大量相关报道。在产品上，3 月有消费者投诉泸州老窖永盛烧坊喝出棉絮状异物。

（2）传播方面：2014 年 1 月，冒用泸州老窖的虚假年份酒被央视曝光，泸州老窖无辜受累；3 月，泸州老窖被曝子品牌乱象丛生；8 月，泸州老窖起诉南宁 12 家烟酒经营部商标侵权；9 月，泸州老窖陷贴牌酒风波；10 月，泸州老窖反常规包装设计“三人炫”频遭批。

（3）诚信方面：2014 年 6 月，职业打假人起诉泸州老窖，指其“老白干”涉欺诈；10 月，泸州老窖巨额存款失踪，被指存款卖酒入财务粉饰边缘。

（4）人事方面：2014 年 7 月，中组部掀官员兼职离职潮，泸州老窖等 13 位川股独董辞职。

（5）合作方面：2014 年 9—10 月，媒体报道“1573 经典装暂停供货，泸州老窖控量保价清理渠道”相关消息。

（6）竞争方面：主要是和五粮液的对战以及 11 月出局白酒行业百亿阵营。

（7）其他方面：2014 年 1 月，惊曝摊派门，动员员工向机关卖高档酒；2 月，被指国窖战略迷失。

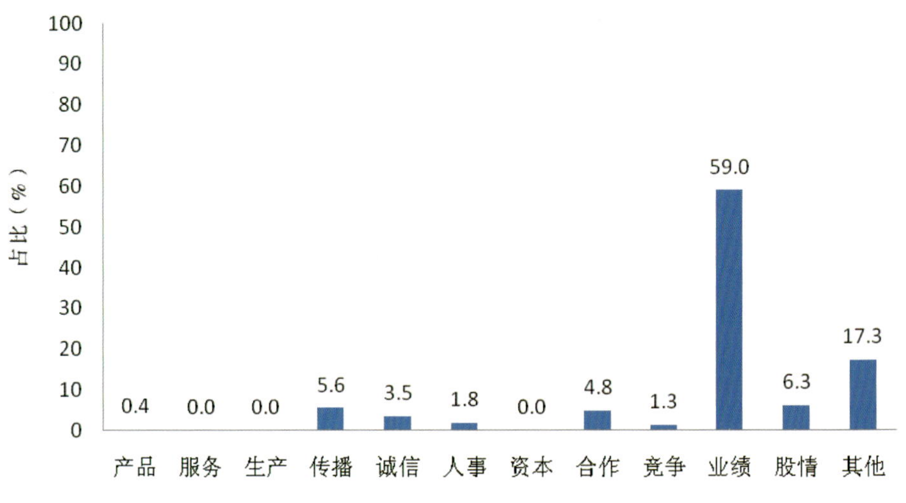

图 10-35　泸州老窖品牌的病因

36. 长安

长安 2013 年健康指数排名第 35，2014 年排名退至第 36，健康指数为 53.5，品牌不健康。其问题主要出现在产品上，尤其是安全和质量的问题。此外，服务方面也让消费者产生了很多不满（见图 10–36）。

2014 年 1 月，长安翼虎经历消费者维权、长安坚称质量没有问题、最终实施召回三个阶段，但召回后的翼虎汽车再现断轴，长安福特遭网友声讨。2 月，翼虎“召回门”进一步发酵，长安福特打太极的做法引发网友不满，甚至出现“长安必倒，长安必断轴”的说法；同样是召回事件，长安福特被指与上海通用形成巨大反差。3 月，翼虎“召回门”还未告一段落，长安新福克斯又被指变速箱漏油，长安福特称只是偶发问题，车主反映漏油疑似通病，呼吁召回；长安铃木因转向系统问题召回 4 496 辆汽车；《人民日报》批长安福特召回翼虎怪圈，质疑事故损失的赔偿问题；长安 CS35 汽车质量问题频出，潍坊消费者投诉机油乳化。4 月，长安福特嘉年华出现“异响门”；长安马自达召回 2 887 辆马自达 CX–5 汽车。5 月，翼虎“断轴门”波及兄弟车型，长安福特或面临二次召回；在长安福特质量问题频发之际，消费者质疑其是否会因高速扩张而忽视质量监管。6 月，37 861 辆长安欧力威汽车存安全隐患被召回；长安福特全系断轴事件频发，被爆或因羊角偷工减料。8 月，长安汽车召回逾 15 000 辆逸动汽车；长安马自达召回 4 331 辆马自达 3 昂科塞拉汽车。9 月，长安标致雪铁龙召回 2 124 辆国产 DS5 汽车；长安福特召回191 770辆福克斯汽车。11月，长安福特因燃油管隐患召回3 187辆翼博汽车。12月，长安铃木自动挡车熄火频发，企业回应称仅是个案；同月，长安、北汽、夏利、吉利等6个车企联合召回30万辆车。

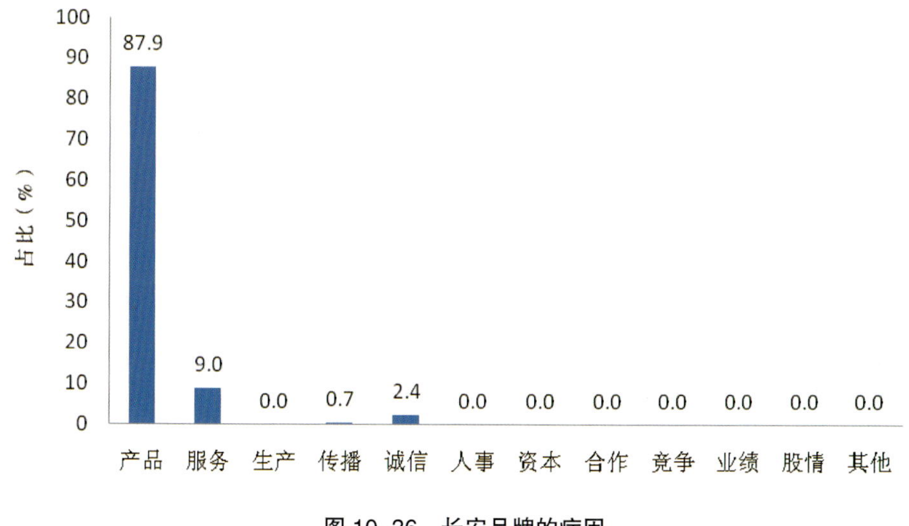

图 10–36　长安品牌的病因

37. 中行

中行2013年健康指数排名第39，2014年排名第37，指数为52.1，健康水平不及格。其问题主要出现在诚信、人事上（见图10–37）。

（1）诚信方面：2014年2月，客户360万元存款不翼而飞；P2P风险淮安样本被曝出，5 000万连锁漩涡牵出中行内案。3月，投资者质疑中行发行误导销售理财产品。4月，首尔分行被指违规，并首次受韩金监院惩处。6月，审计署曝中行违规发放贷款超过64亿元，违规办理个人住房贷款、票据业务和存款业务；中行票据违规呈上升趋势，审计结果揭其中间业务虚增路径。7月，央视报道称中行公然造假洗黑钱，外汇管制形同虚设；中行被疑洗钱后12小时内，两度澄清就修改三处措辞，中行陷入优汇通风波。8月，万家共赢8亿资金疑遭强行挪用，中行云南分行角色成谜。11月，多人在中国银行莫名“被贷款”，每人数十万。

（2）人事方面：2014年2月，中国银行一“85后”员工长假期间在家猝死；反腐风波突起，副行长王永利被中纪委调查，相关报道连篇累牍。4月，王永利辞职大发酵。8月，在万家8亿“挪用门”谜案背后，中行“局中人”闪现。9月，原中行哈尔滨河松街支行行长挪用公款8亿元，获刑15年。12月，支行行长伪造公章，承认30%利息诈骗360万元；同月底，审计署通报中国银行北京分行员工套取个人贷款被查处。

（3）资本方面：3月，中行曝2013年“不良”贷款较上一年上升78亿元；2014年第一季度新增不良贷款大增。5月，江阴小贷老板负债10亿跑路，农行、建行、中行均被牵扯。6月，18家银行卷入青岛港事件，中行牵涉金额最多。7月，诺奇总裁跑路，传涉中行等15亿借款；同月，中行上半年不良贷款余额和比例双升，不良贷增加额超去年全年。11月，*ST二重34.5亿元债务逾期，中行等多家银行被卷入。

（4）生产方面：2014年2月，假公章使中行客户存款不知去向，暴露内控隐忧。11月，浙江台州一女子200万存款不翼而飞，告中行要求返还；同月，济南女子零额度中行信用卡现透支。12月，中行在港ATM机连遭破坏，一个遭灌沙，一个被踢凹；同月，用户1亿元存款离奇蒸发，“贴息存款”牵出银行诈骗陷阱。

（5）股情方面：2014年6月，中行领跌中资股；7月，中国银行被报造假洗黑钱，H股下跌2.51%；11月，QFII高位套现，银行股集体回调，中国银行跌逾3%。

（6）业绩方面：2014年8月，五大行半年报亮相，中行净利润下滑；9月，利润下滑，不良贷款余额和不良率的双升成为银行面临的一大考验。

（7）服务方面：2014年3月，“霸王银行”投票第一阶段，中行服务暂居最差类榜首；5月，中行在信用卡客服质量调查中有失水准，被指挂失功能键难寻；8月，演员王劲松质疑中行，称82岁母亲跑三趟未能兑付老存单，网民热议失信银行该入黑名单。

（8）竞争方面：2014年9月，四大国有银行中期盘点，中国银行业绩垫底且盈利能力最低。

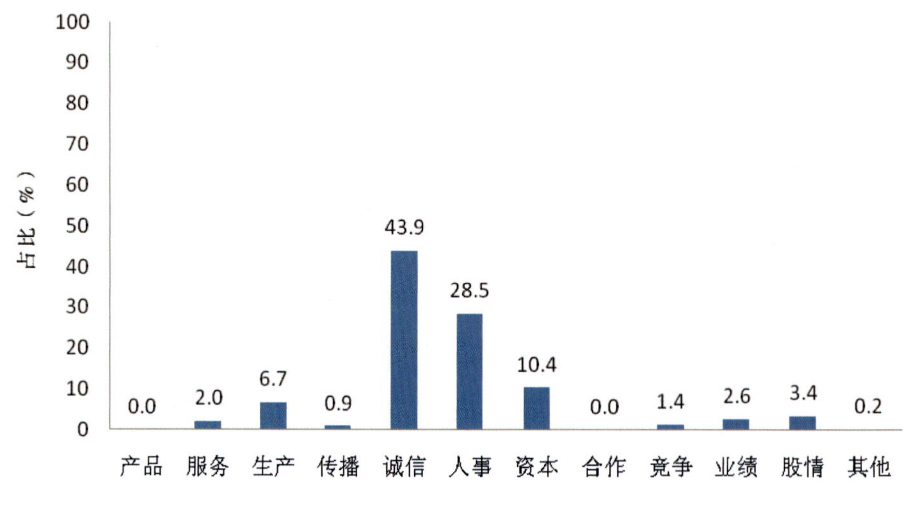

图10-37 中行品牌的病因

38. 国航

国航 2013 年健康指数排名第 26，2014 年排名退至第 38，与联想、东风并列，指数为 50.2，健康水平不合格。其问题主要出现在业绩和其他方面（见图 10–38）。

（1）业绩方面：2014 年 3、4、7、8、10 月，关于国航净利三年连降、盈利大幅下跌的报道连篇累牍。

（2）服务方面：2014 年 2 月，国航被曝不保证手机自助值机的后续服务。4 月，俞敏洪炮轰国航蛮霸擅改舱位不退钱；国航丢失万元行李仅赔 400 元，赔损限额遭质疑。6 月，网曝乘客斗地主喊炸弹致国航飞长春班机延误。8 月，国航 CA1564 航班降落前突然转向，乘客受惊吓。9 月，国航航班被曝因故障盘旋半个多小时，放油后返航。12 月，国航被曝超发登机牌，"一座两人"致超载，擅自临时取消，如此"任性"对待"超售"乘客引争议。

（3）生产方面：因天气原因致航班延误或取消以及飞机出现机械故障影响正常飞行等事件频现，引发媒体关注。

（4）传播方面：2014 年 4 月，国航辟谣"航空延误因等待特殊客人"，称天气是主因。

（5）人事方面：2014 年 4 月，国航飞行员发公开信，呼吁与外籍飞行员同工同酬。

（6）其他方面：2014 年 5 月，国航开收"选座费"遭质疑，相关争论一直持续到 8 月。

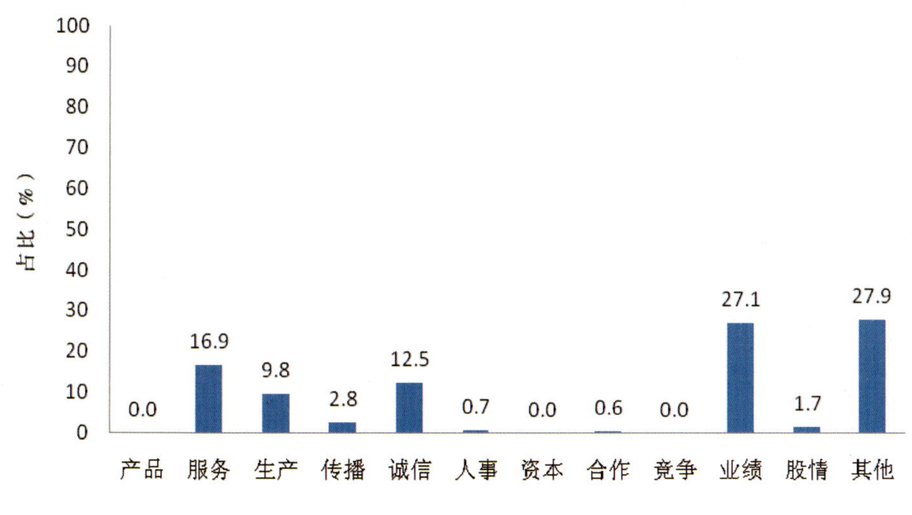

图 10–38　国航品牌的病因

39. 联想

联想 2013 年健康指数排名第 31，2014 年排名退至与国航、东风并列第 38，健康指数为 50.2，健康水平是不及格。其问题主要出现在产品、股情等多个方面（图 10–39）。

（1）产品方面：联想两度身陷产品召回事件，还陷入一起集体诉讼，使其全年新闻不断。2014 年 3 月，因电池在偶然情况下发生故障，导致电池外壳过热，存在安全隐患，联想在华召回 11 万台笔记本电脑锂离子电池并免费更换，以消除安全隐患。6 月，用户购买的联想新机主板存在故障，经销商拒换机，用户起诉其违反三包协议；联想手机被曝存在漏洞，导致用户银行账号及支付宝账户被盗。7 月，上海质监局抽查发现一批联想笔记本电脑的能效项目不合格。8 月，联想电脑因为连不上无线网，在美遭 8 万用户诉讼，网传联想花 7 000 万美元了事；随后联想称诉讼已和解，索赔 7 000 万美元说法失实；联想在美遭集体诉讼一事在国内引发讨论，群众质疑联想在国内能否一视同仁。9 月，有评论称联想在美遭 8 万用户诉讼事件有幕后推手；诉讼最终结果出炉，联想赔偿每位用户 100 美元。10 月，联想电脑被曝使用不到一年就罢工，数据修复需另交 2 600 元。12 月，由于存在火灾隐患，联想在全球召回 18 万条笔记本电源线。

（2）股情方面：联想进入利润转化阵痛期，股价持续下跌。2014 年 1 月，联想收购摩托罗拉手机，股价收盘大跌 8.21%，跨国收购遭市场看衰。2 月，联想收购摩托罗拉被指作价过高，股价半日大跌 14.31%，市值两日蒸发 265 亿。4 月，联想集团遭摩根斯坦利调低目标价，股价下跌近 4%。2014 下半年，联想集团持续领跌蓝筹，遭遇抛售；在港股大涨时，联想却逆市下跌。

（3）合作方面：2014 年 3 月，联想陷"错价门"，官网 S5000 平板价格 1 888 元错标为 999 元，联想承诺依照下单价格发货，超低价引发网友疯抢，10 小时损失近亿元，更引发媒体报道，舆论纷纷，被质疑是"乌龙"还是"营销"，形成了热点词汇"错价门""价格乌龙"。

（4）人事方面：2014 年 1 月，联想决定将售后服务覆盖至多行业全品牌，不再局限于联想系列的电脑。此决定引发联想售后内斗升级，演变成部门间的强烈对抗。2 月，联想控股旗下的丰联集团裁员，折射出白酒企业的生存困境。3 月，IBM 深圳工厂超千名员工不满被联想收购后的待遇，逾千人罢工，联想回应罢工员工称待遇不减。

（5）诚信方面：2014 年 7 月，联想等多家厂商遭遇美国“337 调查”，以了解厂商出口过程中是否有不公平贸易行为，由此决定是否采取制裁措施；联想等电脑的麦克风技术在美遭侵权指控。10 月，联想数据修复规定里电脑保修过程中硬盘和数据不可兼得遭到质疑。12 月，央视曝光苏宁易购售卖已报废的联想笔记本电脑。

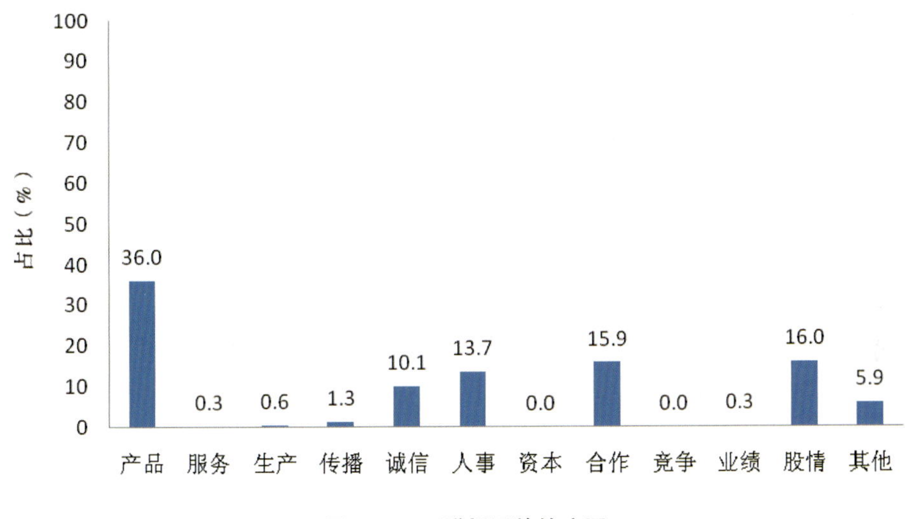

图 10–39　联想品牌的病因

40. 东风

东风 2013 年健康指数排名第 34，2014 年排名退到与国航、联想并列第 38，指数为 50.2，健康水平是不及格。其问题主要出现在产品、人事和服务上（见图 10–40）。

（1）产品方面：主要是汽车召回问题。2014 年 2 月，因制动液污染，召回近万辆东风雪铁龙新世嘉和东风标致 307。3 月，东风标致 308 空调制冷差，上市数年久拖未决；另外，当月东风本田投诉集中爆发，300 多名车主质疑冷启动诡异响声。4 月，东风日产内部文件曝光新奇骏问题，被指把关不慎；本田思域发动机异响继续，疑轴瓦间隙大。5 月，东风雪铁龙 C4L 发动机异响继续，升级变速箱顿挫感严重；东风悦达起亚 K5 异响遭投诉；东风本田 CR–V 发动机异响继续发酵。6 月，东风旗下多款车型为节约成本减配后防撞梁，为车主带来行车隐患，同时引来高投诉。7 月，东风本田热销车型问题未解。8 月，东风雪铁龙 C4L 发动机异响频发，厂商拒绝承认问题；同月，东风本田因气囊问题召回部分思域。9 月，东风日产销量、投诉双升，减配防撞梁引投诉；东风丰田继续召回思域以及其他车型；同时召回部分玛驰轿车；另外，东风本田新艾力绅甲醛检测超标，乘客头晕口干咽痛；东风本田 CR-V 亦遭经销商拒绝进货，车主投诉天窗锈蚀。10 月，东风日产轩逸撞树，气囊竟未弹出；由此，东风因气囊问题继续召回各种汽车，包括部分日产阳光和英菲尼迪。11 月，由于发动机燃油轨道上燃油压力传感器的紧固方法不合适，存在安全隐患，东风汽车召回两万多辆问题车，涉及途乐、新骐达等。12 月，东风召回漏油隐患新骐达；因安全气囊存自爆隐患，召回逾 2 800 辆东风 A60 轿车；此后，还因气囊问题召回部分艾力绅。此外，江苏东风日产新天籁既抖又振，变成“拖拉机”，经销商称此为正常现象；郑州日产东风有限公司召回帕拉丁、途乐、奇骏等车。

（2）人事方面：2014 年 5 月，东风汽车人事大调整，公司原党委书记兼副总经理李春荣被正式任命为东风乘用车公司总经理，乘用车公司原副总经理郑纯楷被任命为党委书记，神龙汽车总经理邱现东调任集团副总经理。至 6 月，已有数十位高管职位发生变动。9 月，东风汽车一科长挪用 1 567 万社保基金，受贿 20 万元，获刑 13 年。11 月，巡视组进驻东风汽车。12 月，东风副总裁任勇涉嫌严重违纪接受调查；东风通报 27 起违反中央八项规定精神的问题，34 人被处分；东风汽车股份有限公司海外事业部原副总经理万国良受贿 282 万元，判刑 6 年；原党委副书记、工会主席和东风朝阳柴油机有限责任公司原董事长范仲涉嫌严重违纪违法被查；东风严肃处理公款出国旅游，19 人受党政纪处分，东风本田汽车副总经理陈斌公款旅游被降职；东风汽车被曝反腐规模超一汽，巡视组进驻一个月有 55 人被处罚。

（3）服务方面：2014 年 3 月，东风标致 308 久拖未决的空调制冷问题引发车主不满；因冷启动异响，东风本田车主陷入维权尴尬。5 月，东风标致 4S 店被曝买车拿不到合格证，老板跑路留后患。8 月，厂商拒绝承认东风雪铁龙发动机异响问题，欺骗消费者，其服务被消费者诟病。9 月，北京东风日产 4S 店抵押合格证，购车半个月无法上牌，引起消费者强烈不满。

（4）诚信方面：2014 年 2 月，东风标致 4S 店隐瞒事实销售召回车辆，已构成欺诈。5 月，东风本田问题车高价出售疑被回购。7 月，渭南东风日产 4S 店为拿厂方返利，伪造车辆手续。8 月，有车主欲告东风本田索赔三万，怀疑自己购买的是“二手车”。10 月，东风日产 4S 店私占公共停车位，为报复在其他车上贴双面胶。12 月，东风汽车因主要合同披露不及时遭湖北证监局出具警示函。

（5）业绩方面：2014 年 7 月，自主品牌市场份额持续锐减，东风风神经销商陷盈利危机，寄望新车解围。8 月，东风微客销量下滑，意欲出售七座版微面资产；同月，CR-V 遭遇销量“滑铁卢”，东风本田精品路线受挫。12 月，东风汽车为改善收益及经营质量，以 1.08 亿元转让一直处于亏损状态的 CV03 项目车型。

（6）合作方面：与经销商的关系紧张，2014 年 9 月，东风本田销量暴跌，补贴政策过低导致厂商关系趋冷；此后，经销商为减轻库存压力，施压拒绝进货。12 月，东风悦达起亚经销商被曝库存高，威胁销售网络安全。

（7）股情方面：2014 年 5 月，东风股份下跌 3.07%；6 月，东风科技下跌 8.37%；8 月，东风汽车下跌 5.0%；12 月，东风汽车和东风科技均下跌。

（8）生产方面：2014 年 9 月，北京一东风日产 4S 店起火，致两人死亡。

（9）其他方面：2014 年 3 月，东风集团现资金隐忧，不同文件财务数据迥异；4 月，在“三个和尚”——法国政府、标致家族、东风汽车三方控股下，PSA 新任掌门人唐唯实被指恐难有作为；12 月，有报道称单纯凭借电动客车业务赚足利润的东风汽车，恐落入单一业务陷阱，未来净利润增长不容乐观。

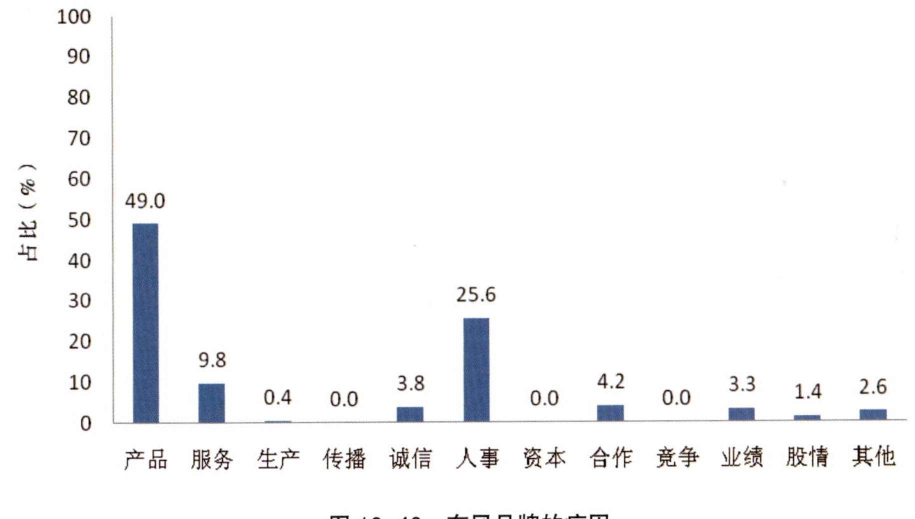

图 10-40　东风品牌的病因

41. 农行

农行 2013 年健康指数排名第 16，2014 年排名第 41，指数为 47.0，健康水平较差。其问题主要出现在人事、生产等方面（见图 10-41）。

（1）人事方面：2014 年 1 月，农行一非执行董事被裁定专业行为不当；4 月，湖南娄底分行副行长坠楼身亡，初步排除他杀；6 月，农行原副行长杨琨被控受贿 3 079 万元受审，引发大量报道；9 月，芜湖分行原副行长鞠建平受贿，一审获刑 14 年。

（2）生产方面：主要是存款被盗、被抢劫、银行卡被盗刷等问题。1月，酒鬼酒子公司近亿元农行存款被盗，引发大量关注。3月，网友投诉农行ATM机“吞钱不认账”。4月，有市民290多万元理财金不翼而飞，状告五指山市农行索赔。5月，南京新街口一农行发生抢劫案；杭州农行储户900万元存款疑被盗。7月，农行北蔡支行再发抢劫案；多地传“女子农行内被流浪汉强奸”，警方通报真相；西安76岁老人在退休金中发现假币，疑从农行取出。8月，哈尔滨“8·17”杀人案在逃嫌犯于农业银行内再伤人；男子正办挂失时存款被转走，农行称系统出了故障钱没丢。9月，曝出两起农行银行卡被盗刷事件。10月，泸州老窖1.5亿元存款失踪，将起诉农行。11月，储户银行卡遭盗刷189万元，农行被判全额赔偿。

（3）其他方面：2月，男子发冒名农行短信，手机达人银行账户5万元瞬间蒸发。3月，百万散户逃离四大行，农行股东数三年上榜一半；农行A股遭两机构减持1亿元；不良贷款存反弹压力；市民“被信用卡”，进信用黑名单。4月，山西分行被堵门讨债；A股再遭大股东减持；江阴丰源小贷老板跑路，农行贷款或打水漂；冒名办卡导致客户产生不良信用记录被投诉。5月，江阴丰源小贷老板案继续发酵；腾中重工老板疑跑路，农行等多家银行被卷入。7月，汉中农行违规放贷；黑龙江最大钢企濒临破产，建行、农行风险暴露；VIP客户360万元遭遇“飞单”；11人假冒农行搞传销获刑；发改委督促银行清理不合理收费，中行、农行减百亿元收入。8月，农行理财规模半年缩水24%且不良率上升。

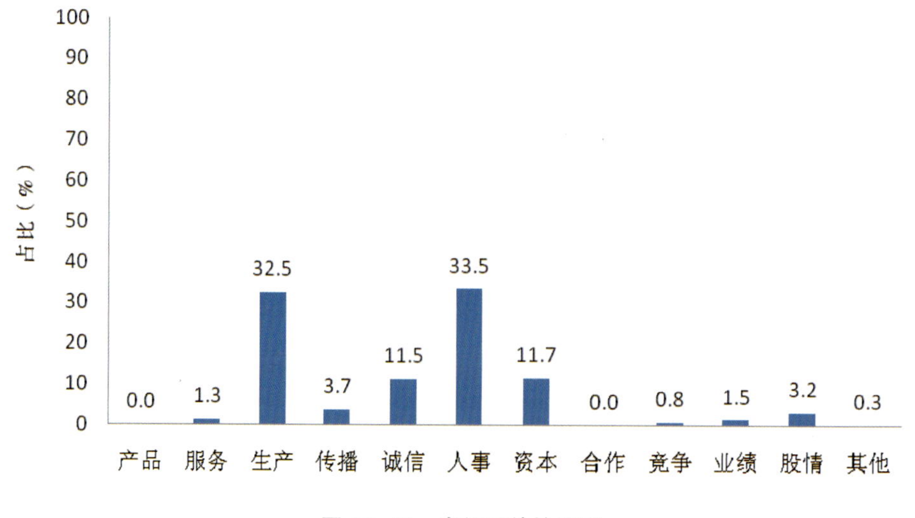

图10–41　农行品牌的病因

42. 工行

工行 2013 年健康指数排名第 9，2014 年排名第 42，指数为 45.1，健康水平较差。其问题主要出现在股情、传播等诸多方面（见图 10–42）。

（1）股情方面：2014 年全年，工行纸黄金白银持续走低。1 月，银行股全面下挫，工行股价跌破净值；3 月，年报显示工行 2013 年实现净利润 2 630 亿元，不良率升至 0.94%；6 月，工行因股价除息出现大幅波动，被指侵害投资者利益。

（2）传播方面：2014 年全年，工行不时出现“95588”短信被“伪基站”造假，骗取储户存款事件。年初，网上出现假冒工行官网后台记录用户密码事件。5 月，中信证券董事长因公开批评工行服务能力不强，盈利却非常高，被罚两个月工资，近 200 万元；随后工行副行长郑万春回应称，目前工行的利差收入已经接近国际市场的利差收入。7 月，工行被曝出存在通过虚假 POS 交易而产生的“星级用户”，信用卡套现走向产业化、专业化。12 月，工行因给客户发骚扰短信而遭起诉，后被判赔礼道歉。

（3）诚信方面：2014 年 3 月，工行登上 315 金融红黑榜，投诉量位居第一；搜狐青岛站曝工行与保险公司相勾结，“存款”变“保险”。4—6 月，工行被爆多起擅自替用户开通信用卡事件。7 月，山东淄博一男子“被贷款”23 万，工行却不能解释贷款疑问。8 月，工行涉嫌违规发卡谋利，多年旧信用卡复活欠费。12 月，因“个人购房借款 / 担保 / 抵押合同”中存在的免除自身责任、加重消费者责任、排除消费者权利等问题，工商银行安徽省分行被相关部门约谈，房贷合同“霸王条款”有望改善；工行“95588”因频发商业短信，被上海法院判构成侵权。

（4）生产方面：信用卡盗刷，莫名“被办卡”，存款无故“蒸发”等事件时有发生。2014 年 1月，工行被曝出发生信用卡盗刷事件，工作人员却只催还款，默认巨额利息由用户买单，银行风险管控遭遇拷问。3月，昆明一工行发生抢劫事件；成都工行 ATM 机吐出同号假钞；滨州一市民“被办”工行信用卡，遭到恶意透支 18 万。7 月，一工行理财卡内 2.8 万存款莫名“蒸发”。7 月 16 日，工商银行银证系统发生故障，9 000 万元资金一度“失联”。

（5）竞争方面：工行与支付宝的“分手”事件从 3 月一直持续到 5 月，工行首先质疑支付宝“快捷支付”功能违法，随后支付宝员工反驳工行“知法犯法”，并发布公告称签约工行快捷支付失败，建议用户换卡。最后，支付宝将备付金存管改至建行，与工行“分手”。

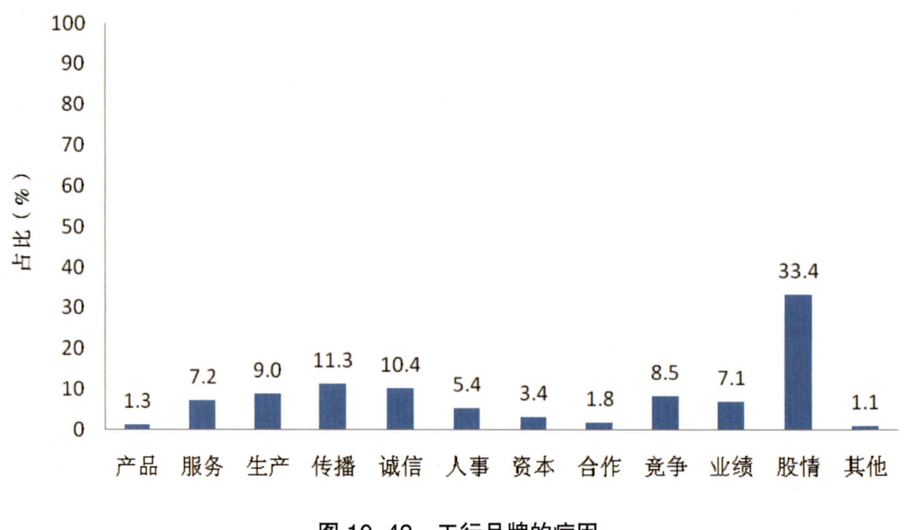

图 10-42　工行品牌的病因

43. 中移动

中移动 2013 年健康指数排名倒数第 1，即第 50 名，2014 年排名前进到第 43，指数为 43.3，健康状况较差。其问题主要出现在业绩、人事和诚信等方面（见图 10-43）。

（1）业绩方面：2014 年 3 月 20 日，中移动 2013 年年报显示净利润 1 217 亿元，同比下降 5.9%，这也是其 15 年来首次净利下滑，中移动将业绩倒退归结为 3G 和微信的冲击；此外，其股价也跌逾 3%，创五年新低。4 月，中移动在港推 54 元不限流量套餐遇冷，被指太普通；2014 年第一季度财报显示，中移动净利润 252 亿元，同比下降 9.4%。8 月，上半年业绩下降 8.8%，拟严控营销成本减支 200 亿元，被广为报道。10 月，中移动公布前三季度净利润 826 亿元，同比下降 9.7%，其中通话和短信业务量下滑较明显。

（2）人事方面：2014 年 1 月，广西移动公司原董事长吴唯宁受贿；广东移动公司原董事长徐龙亦因严重违纪被开除党籍；审计署通报高管受贿等 19 起已结案件的情况。3 月，河北公司总经理张连德等三名领导干部被调查，中移动成为腐败的重灾区，5 年里 10 多名高管被查。5 月，中移动重庆公司开县分公司副总经理钟淼举办婚宴，违规违纪收取礼金 4.58 万元，被降职处理。8 月，广州分公司党委书记梁春火涉嫌受贿被起诉；此外，中移动多省分公司大规模裁撤劳务工，拟 2 年内裁 30 万人。11 月，内蒙古公司工会代副主席李孟繁，因受贿获刑 13 年；

广东移动规划技术部原总经理孙炼涉嫌受贿300多万受审。12月，广州分公司党委书记梁春火案继续发酵。

（3）诚信方面：2014年1月5日，就香港电视拟收购中移动的移动电视牌照被质疑一事，中移动发出公告称将启动对香港有限公司股权交易的内部调查，引发媒体的广泛报道。2月，消费者诉中移动“流量清零”案一审败诉，原告不服继续上诉。4月，针对“中移动香港套餐走红”的新闻，中移动官方微博进行回应，再次引起争议，惹中移动秒删微博。5月，中移动通报两起违反中央八项规定精神的典型案件。6月，中移动申请FDD牌照之事被网友质疑是无耻之举还是乌龙球。7月，消费者状告中移动流量清零，要求移动返还或补偿已被清零的流量，停止清零行为。8月，中移动被指员工必须一次性购买6台手机，不买就辞退。11月，中移动曝出私自增减客户业务。12月，央视曝中移动给各网点开特殊权限，员工暗自开通增值业务，扣费猫腻有损国企形象，中移动承认牡丹江移动分公司确实违规。

（4）其他方面：2014年1月，中移动公布4G统一资费方案，不少用户嫌贵嫌烦。2月，4G套餐费用遭调侃，一小时就是48 000元，一晚没关抵一套房；此外，中移动回应香港“逆天”套餐详情，指出便宜但有诸多限制。4月，香港“逆天”套餐被炒，或走红或遇冷，争论焦点集中在与内地区别对待。8月，中移动基地模式被指易滋生腐败，公司化改造开刀混改。12月，4G服务调查显示近六成用户流量超支，用户反映中移动资费最贵；另外，4G流量资费被曝内地与香港相差6倍，记者证实此说法是误读，但仍引发很多用户的不满。

（5）传播方面：2014年1月，中移动香港公司遭内部调查，被指贱卖牌照涉国资；2月，中移动4G屡被调侃，回应称不会产生天价费；3月，肯德基调侃中移动流量，称鸡腿不会月底清零；10月，有零星报道称电脑管家完美查杀“伪中国移动客户端”病毒。

（6）生产方面：主要发生在2014年5月，资助终端常遇故障，只吃“银行卡”，不吐充值码。

（7）竞争方面：主要发生在2014年11月，由于FDD牌照12月将发放，联通、电信双4G反击中移动。

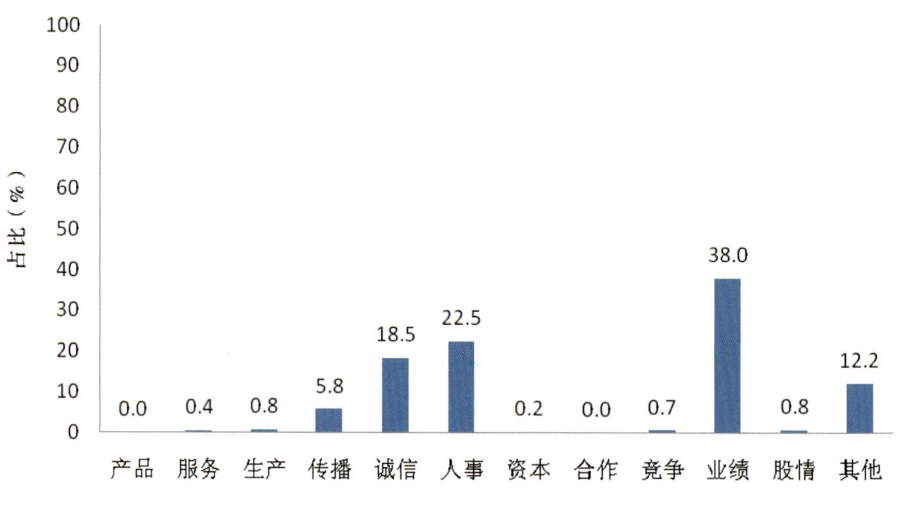

图 10-43　中国移动品牌的病因

44. 一汽

一汽 2013 年健康指数排名第 5，2014 年排名大步退到第 44，指数为 38.2，健康水平很差。其问题主要出现在产品、人事等方面（见图 10-44），具体问题主要有：

（1）产品方面：一汽汽车频现产品问题，屡被召回。2014 年 2 月，3 000 多辆一汽丰田普锐斯因控制程序存隐患被召回；随后，又因侧气囊存在缺陷，部分汉兰达及锐志汽车被召回；其后，一汽大众又召回 9 037 辆后备箱盖存在隐患的开迪汽车。3 月，一汽马自达 6 被曝转向设计缺陷存在致命隐患，7 月被召回。4 月，奔腾轿车发动机爆震等问题频现，一汽被指价高质次。7 月，一汽大众速腾被曝悬架频频断裂，一汽陷“断轴门”引发车主集体维权，并于 10 月被召回，事件持续发酵到 12 月。8 月，一汽大众又因转向助力回油管隐患召回部分宝来 1.4T 汽车；随后，486 辆奥迪 Q7 因真空管路存患也被一汽大众召回。9 月，一汽大众制动液蒸发性能欠佳，被指原料不好。10 月，一汽召回事件频发，旗下的宝来汽车、国产马自达 6 阿特兹轿车、皇冠、新速腾、甲壳虫、进口奥迪 A4 及国产奥迪 A4L 均因出现各种各样的产品问题被召回。11 月，一汽大众迈腾正时链条故障再现，车主呼吁厂家召回。12 月，奔腾 B50 及威驰均因安全气囊隐患被一汽召回，月底又因燃油泵问题召回部分车型。

（2）人事方面：主要是贪腐问题，报道集中在 7—12 月。2014 年 5 月，一汽集团公司 8 位纪委书记不再兼任行政职务；7 月，媒体报道称一汽集团半年处理违纪人员 24 人，其中高级经理 8 人；8 月，一汽大众原副总李武、奥迪副总周纯、一汽集团原副总安德武三名高管被立案侦查；9 月，媒体曝一汽陷反腐漩涡，8 名经理人员违反八项规定被处理，党委书记公款旅游被撤销党内职务，一汽大众总经理张丕杰、纪委书记钟立秋被处分，50 余名一汽高管被内部通报；10 月，一汽超 150 人被中央巡视组约谈，销售等领域腐败问题多发；11 月，奥迪原公关总监卢敏捷被查，19 家公关广告供应商业务被停。

（3）服务方面：2014 年 3 月，一汽大众等 4S 店被曝强收上牌费；4 月，一汽奔腾爆震问题未解决，维修水平遭车主质疑；7 月，一汽大众回应速腾断轴是个别案例，态度强硬；9 月，一汽被指对消费者充耳不闻，投诉零回复；10 月，一汽大众身陷“断轴门”，召回后不换车轴仅“打补丁”遭质疑，又陷“补丁门”，且态度傲慢惹众怒。

（4）传播方面：主要是“断轴门”事件中回应不力遭诟病；一汽夏利虽然推出高端品牌骏派，但依然难改低端印象。

（5）诚信方面：2014 年 1 月，一汽马自达新车再次推迟上市，遭遇信任危机。7 月，媒体报道新车购后十天发动机磨碎，一汽大众被指严重欺诈；一汽马自达 6 超低油耗被指存在猫腻；一汽大众速腾汽车舆情报告低调增配欲盖弥彰。7—9 月，一汽—大众奥迪接受发改委反垄断调查，被罚近 2.5 亿元；12 月，广州一汽巴士被曝违规支付民营股东 7 432 万元。

（6）合作方面：2014 年 8 月，速腾宝来陷“质量门”，隐现一汽大众供应链漏洞；11 月，一汽反腐，19 家公关广告供应商被停；12 月，经销商库存超限或倒闭，向一汽丰田索补贴 22 亿元难到位。

（7）业绩方面：一汽夏利一二线城市全面失守、销量骤跌、亏损严重的报道频繁出现，贯穿全年。此外，2014 年 3 月，一汽重金砸红旗，自主品牌陷困局；10 月，一汽被指合资 20 多年仍无技术储备。

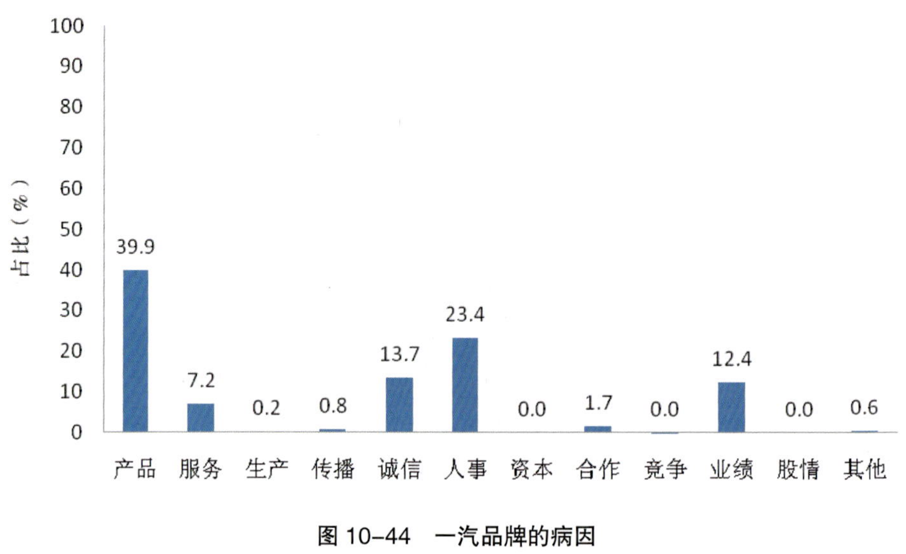

图 10–44　一汽品牌的病因

45. 腾讯

腾讯 2013 年健康指数排名第 41，2014 年排名退步，与五粮液并列第 45，指数为 36.1，健康水平很差。其问题主要出现在诚信、股情和生产等方面（见图 10–45）。

（1）诚信方面：2014 年 2 月，360 诉腾讯反垄断案二审宣判驳回上诉，维持原判，腾讯胜诉。3 月，央行限制互联网金融，紧急叫停网络虚拟信用卡及二维码支付，引发互联网安全大讨论，导致腾讯市值两天蒸发 774 亿港币；本月下旬，腾讯与中山证券合作推出的“零佣通”，因涉嫌违规，被证监会叫停。4 月，360 诉腾讯名誉侵权案宣判，腾讯败诉，360 扳回一城；九州通突然否认与腾讯合作，被指涉嫌信披违规。5 月，腾讯旗下滴滴打车因巨额抽奖违规被查。6 月，腾讯陷朋友圈点赞收费谣言困扰。7 月，一彩民在微信平台上购买彩票中奖 500 万元，却因微信系统延迟而未能购买成功，奖金打水漂，该事件吸引多家媒体转发，也引发了互联网上关于腾讯是否具有网络彩票销售资格的讨论。8 月，腾讯视频关闭其 TV 版，猜测系因其违背广电政策。9 月，持续 11 年的腾讯、奇瑞 QQ 商标争夺案终于落下帷幕，终审判决腾讯败诉，QQ 汽车商标归奇瑞所有；本月中旬，在政府的“净网行动”中，腾讯微信传播淫秽色情内容被查处，腾讯等网站的非法弹窗被曝光；本月下旬，广东省消费者协会接到多起投诉，内容均为腾讯单方面封锁玩家账号，此行为涉嫌与用户签订霸王条款，受到消费者谴责。11 月，微信封杀快的打车活动信息的做法遭到快的打车谴责，称腾讯没有履行其开放的承诺；腾讯下属动漫网站因涉黄涉暴被查处，文化部将设互联网违规企业黑名单。12月，腾讯等网站又因炒作低俗内容而被文化部查处。

（2）股情方面：2014年，腾讯股价出现连续跌落。1月，阿里巴巴推出其手游平台，腾讯受到影响，市值蒸发130亿港币。2月5日，亚太股市出现连锁性下跌，腾讯不敌市场趋势，市值一日缩水超600亿港币。3月上旬，腾讯入股京东舍弃电商，股价下挫3%。3月中旬，央行紧急叫停网络虚拟信用卡，导致腾讯股价跌超5%；央行对第三方支付的严格监管也使腾讯股价大跌4%；腾讯股价的连续大跌更引发了A股创业板的恐慌。8月，网信办发布《即时通信工具公众信息服务发展管理暂行规定》，对微信等应用进行规定和约束，受此影响，腾讯股价出现小幅下跌。9月，阿里巴巴上市的热潮使腾讯股价连续下跌，市值一度蒸发300亿元。

（3）生产方面：产品故障和网络安全问题贯穿全年。2014年1月，腾讯产品先后出现QQ邮箱不能登录、群共享功能故障、群关系数据泄露和微信红包故障等问题，腾讯回应以上问题系由网络故障导致。2月，微信红包遭网友质疑不能提现，腾讯靠亿元现金坐吃利息；本月下旬，微信传出存在软件漏洞、海量用户视频被泄露的消息，腾讯因此暂停微信视频分享功能。4月，微信小游戏被曝出可能泄露用户隐私等安全问题；同月，全球网站受到“心脏出血”漏洞的袭击，腾讯也未能幸免，但已及时修复漏洞。此外，在4月的“XP挑战赛”中，腾讯金山开赛42秒就被黑客攻破，赛后腾讯因质疑大赛主办方资质而不及时修补漏洞。6月，腾讯QQ群出现新漏洞，可强制跳转页面及弹窗挂马。10月，360手机安全中心截获一款专门窃听隐私的手机木马“微信大盗”，该木马伪装成腾讯手机管家后潜伏在手机中，监听机主通话，窃取位置、短信、微信语音等隐私信息；腾讯大秦网因放任有害信息传播受到关停7天的处罚。11月，腾讯云服务器一天内出现两次故障，导致部分用户备战“双十一”受到影响，用户要求赔偿。

（4）竞争方面：腾讯与阿里巴巴、百度等公司的产品竞争是媒体报道的主要内容。2014年1月，阿里巴巴推出手游平台，欲与腾讯游戏竞争，打破腾讯的游戏垄断；同时，阿里巴巴与腾讯在打车软件上的竞争也日趋白热化，两个月疯狂烧钱15亿元争请全国人民打车，大额返现被指责为不正当竞争。4月，“XP挑战赛”邀请安全厂商打擂台，腾讯金山被“爆头”，对手360坚持到最后。9月，百度推出“直达号”叫板腾讯微信公众号，欲分一杯羹。11月，滴滴打车与快的打车的角力升级，腾讯系产品与阿里系产品现“封杀大战”。

（5）人事方面：2014 年 3 月，马化腾因腰椎旧患复发缺席两会；9 月，腾讯出现一编辑收 19 万元违规为广告公司删帖事件，最终该编辑获刑 6 年；11 月，腾讯咖啡厅遭一名男子泼漆并写“无耻”二字，该男子母亲曾受腾讯员工威胁。

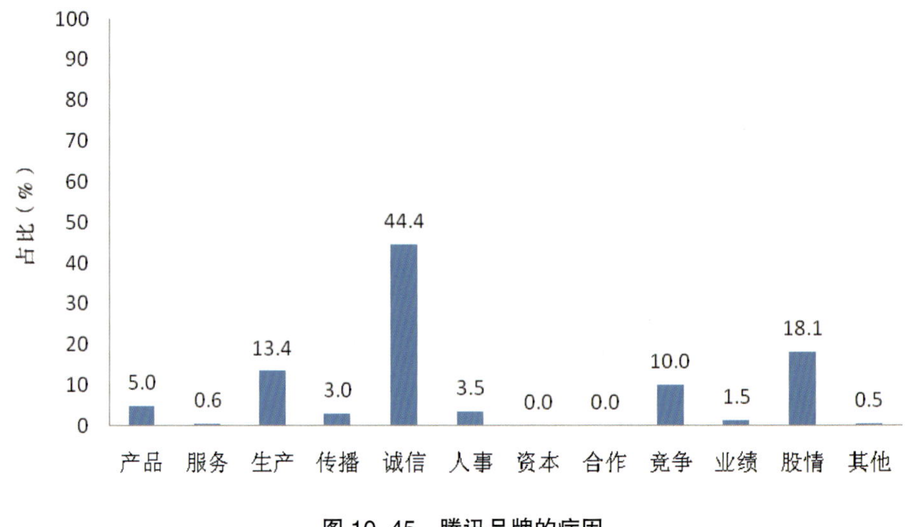

图 10-45　腾讯品牌的病因

46. 五粮液

五粮液 2013 年健康指数排名第 42，2014 年排名退到与腾讯并列第 45，指数为 36.1，健康水平很差。其问题包括业绩、诚信等多个方面（见图 10-46）。

（1）业绩方面：2014 年 1 月，五粮液卖公车，被指有卖车救业绩等嫌疑；另外，五粮液被曝 2013 年在河南销售遇冷，最高降三成多，情况不容乐观。2 月，在禁令限制下高档白酒量价齐跌，52 度五粮液仅卖 660 元，五粮液类高档白酒消费遭遇“滑铁卢”。3 月 9 日晚间，五粮液披露业绩快报，公司 2013 年营业总收入 247.17 亿元，同比下降 9.13%，净利 79.7 亿元，同比下降 19.75%，“三公限酒”等政策导致公司高档酒销售下降，影响公司整体收入，该年报也是五粮液八年以来首份净利下滑的年报，五粮液交十年最差成绩单。继 2013 年利润下降后，新的一年首季利润依然继续下滑，4 月 27 日，五粮液披露的第一季度报表显示，公司期内第一季度实现营业收入 67.2 亿元，同比减少 22.54%，净利润 26.19 亿元，同比下降 27.79%，是其十二年来首现第一季度净利下滑。另外，截至 2014 年第一季度末，五粮液账面上的应收票据金额高达 91.54 亿元，相比起初的 36.25 亿元锐增 55.29 亿元。与此对应的还有现金流下降，五粮液 2014 年第一季度经营性现金流

为 –22.02 亿元，是上市以来首次出现负数。7 月，五粮液 2014 年上半年营业收入 116.63 亿元，同比下降 24.85%，归属于上市公司股东的净利润 40.02 亿元，同比下降 30.90%，为上半年历史最大幅度下滑。10 月底，五粮液披露 2014 年前三季度净利润 47.07 亿元，同比下降 33.74%。其中第三季度实现净利润 7.05 亿元，同比下降 46.26%，降幅在今年前三个季度当中最大，呈现出净利润降速扩大的趋势。12 月，由于业绩连续两年滑坡，经销商持续亏损也接连倒戈。

（2）诚信方面：2014 年 1 月，五粮液卖公车事件被报道，该事件揭开国企公车内幕，其悍马 18 万元参考价被质疑过低；一女工 50.2 万元拍得悍马，立刻被指存在低价售卖给内部员工和卖车救业绩等嫌疑，还有报道称经销商成了高级托。虽然五粮液否认拍卖存在利益输送，但此次拍卖公车事件总体上仍被疑为作秀或利益输送，在社会上引起广泛争议，成为 1 月的热点话题。2 月，茅台五粮液实施价格垄断被罚 4.49 亿元，不过报道比较零星。至 9 月底，历时五年诉讼长跑的五粮液虚假陈述案得到调解，五粮液向 141 名原告支付赔偿 1 344 万元，这是首例权证股民获赔事件，五粮液补偿小股东亏损额超六成，这对五粮液无疑是雪上加霜。

（3）合作方面：五粮液与经销商的关系紧张，2014 年 1—2 月，因五粮液价格倒挂仍不降价，经销商苦不堪言，五粮液隐现渠道危机。3 月，五粮液被曝疑向经销商压货，其最大经销商银基存货逾 11 亿元；与此同时，五粮液取消年底返利补贴，以推动经销商洗牌，但治标不治本，一些经销商只有押宝中低端以求生。6 月，有报道称五粮液等早已停供基酒给浏阳河，双方虽有合作义务，但今年并未有实质交易。7 月，五粮液最大经销商银基 2014 财年再度巨亏，损失 6 亿港币，库存 8 亿港币，五粮液准其拿货价格下调至两年前。9 月，有零星报道称在京东自营商店买五粮液，到货时包装破损严重，让人怀疑酒的质量。11 月，五粮液茅台等炮轰电商低价搅局，价格体系惨遭破坏，经销商已无利可图。

（4）传播方面：制作假酒和商标侵权被频繁曝光。2014 年 1 月，南京破获特大制售假酒案被曝，嫌犯将廉价酒加化学品变五粮液；内江也曝出 2013 年查处 24 起“山寨五粮液”案件；此外，长沙一民房里也被查出产茅台五粮液，真瓶子里装假酒。2 月，新疆查处侵犯“五粮液”“劲酒”注册商标专用权案；东莞市两级法院称 4 年查获 64 宗酒类商标侵权案，30 宗都涉及五粮液。3 月，北京地区 8 车五粮液等假酒被查获，涉案金额近百万元。4 月，四川德阳一老板销售假五粮液而被判赔 10 万元。此外，其他地区也被曝出存在购买空酒瓶假标签、灌假酒冒充“五粮液”的情况。5 月，高级酒店卖假五粮液被核实。8 月，亚马逊被指央行曝光后并未收敛，网站售假茅台五粮液。与此同时，惠州市一酒楼掺假售假，被判赔“五粮液”4.5 万元。9 月，在江北一星级酒店，“婚宴”后剩 20 多瓶五粮液却有 17 瓶被假酒调包；同时被曝出的还有山东青岛男子将千余箱假五粮液卖给大酒店，被判两年。11 月，有男子因自制五粮液网售谋利获刑四年。12 月，四川宜宾六旬老太冒充五粮液董事长表姐，诈骗同事好友 1 亿元；类似的事还出现在成都青白江，大妈先后多次冒充五粮液高层骗婚，诈骗 140 万元，这些都或多或少对五粮液的声誉造成了不利影响。

（5）竞争方面：2014 年 6 月，茅台压低经销商门槛促使五粮液降价，此举也催生了贴牌产品抬头。7 月，国窖 1573 降价死磕五粮液，抢占高端白酒市场。11 月，随着酒企业绩分化格局生变，五粮液也被曝白酒二当家地位难保。12 月，由于反腐风暴重挫酒业利润，五粮液业绩连续滑坡至被洋河赶超，情况不容乐观。

（6）股情方面：2014 年 1 月，五粮液卖公车，股民不买账，股价继续创近五年新低。5 月，随着五粮液的降价，引发二级市场上白酒股的全线大跌。

（7）其他方面：主要为降价风波。2014 年 1 月，五粮液价格“腰斩”，还是卖不动，酒商、经销商忙转型。5 月，白酒消费进入淡季，五粮液调价由暗降改明降，出厂价大降 120 元，高端酒价最多降了 590 元，终端降价超三成，福州等地五粮液价格倒挂，多数门店关门，经销商贴钱硬撑；五粮液的降价倒逼二线酒企跟风，降价风波喋喋不休。7 月，高端白酒夏季更冷，五粮液多款产品降价抢市场。8 月，五粮液中低端策略未建功，营销模式变革前景不明，董事长唐桥交最差成绩单。9 月，为旺季抢市，五粮液采取降价政策激励经销商。到了 10 月，茅台、五粮液在终端惊现 300 元价差，牛栏山低端酒则扩张凶猛。11 月，“双十一”促销前夕，在消费者中盛传的“双十一”爆款清单中，茅台、五粮液跌破出厂价，使得酒企群起战电商。12 月 18 日，价格倒挂已久的五粮液宣布“普五”及“1618”明年将保持 609 元的出厂价不变，对五粮液控量保价的做法，业内并不看好，经销商也苦不堪言。

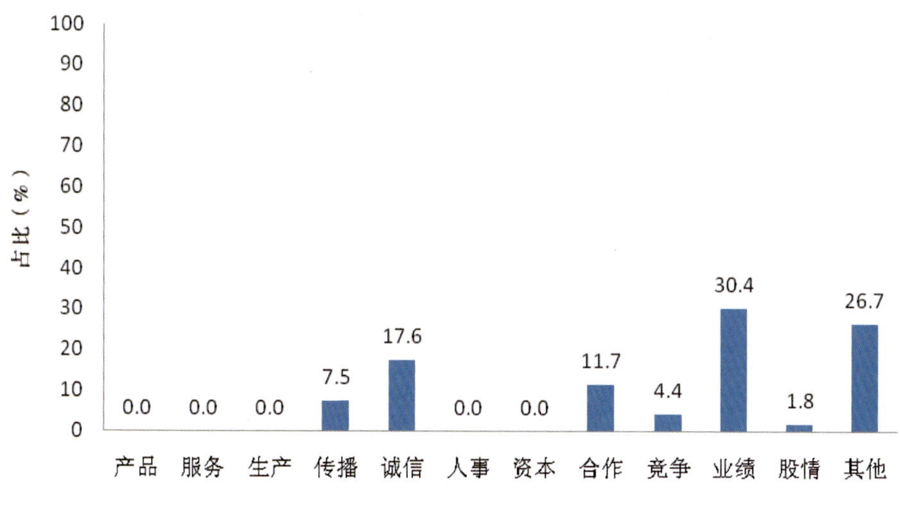

图 10–46　五粮液品牌的病因

47. 携程

携程 2013 年健康指数排名第 40，2014 年排名退到第 47，指数为 32.9。其问题主要出现在生产和诚信方面（见图 10–47）。

（1）生产方面：最致命的负面新闻就是“携程漏洞门”事件。2014 年 3 月 23 日，携程被曝支付日志出现漏洞，可致用户信用卡信息泄露，携程称两小时内已排查弥补，但最终有 93 名携程信用卡用户受到影响。此事件在 3 月 23 日—4 月 4 日共 13 天内持续发酵，多个媒体发声质疑，报道量剧增，引发舆论对携程违规留存用户银行卡信息的指责及对网络隐私安全的担忧。媒体披露公司核心 IT 人员仅六七名，在整个过程中携程公关应对消极，“漏洞门”事件最终对携程声誉造成极大损害，携程网股票也受到影响，股价大跌，携程最终就此事致歉并整改支付流程。

（2）诚信方面：主要是价格欺诈、退改签霸王条款、用户投诉等问题。2014 年 1 月，网上网下机票价格不一，消费者投诉携程价格欺诈；携程旗下铁友网因强制收保险费被罚款 150 万元。3 月，韩国游优惠 3 000 元活动突然消失，携程网被指忽悠；携程网被指不靠谱，媒体揭秘旅游电商消费陷阱；携程网投诉率高居榜首，被指多收费等多宗罪；“携程旅行”被用户抱怨产品与描述不符，夸大承诺；携程被指私自更换顾客客房；携程网被曝机票业务涉嫌欺诈；携程网违规留存用户信用卡信息存风险，媒体批判一直持续到 4 月初。5 月，北京旅游委公布携程等 23 家旅行社遭投诉；携程购票被疑偷梁换柱赚差价，低舱位偷换高舱位；网友曝携程订单猫腻，特价房一夜涨 275 元。6 月，携程“程涨宝”被指四不像；携程机票捆绑意外险遭质疑。7 月，央视曝携程退改签费高达 40%，远高于行业标准；网友指出携程旅游套餐藏高收费陷阱，携程方面否认“指控”。8 月，携程 1 元住酒店活动期内被告知过期。9 月，携程被指提霸王条款，遭宁波 16 家五星级酒店关闭。10 月，国庆期间上海 18 家旅行社被投诉，携程上榜；携程酒店预定黑幕曝光，消费者权益遭侵犯；北京第三季度旅行社服务质量投诉，携程再上榜。11 月，机票售出不退，携程“霸王条款”已违规；携程“双十一”广告含淫秽信息，律师称已违法；携程再曝退票纠纷，2 700 元机票只能退消费者 100 元；携程被指 APP 刷榜冲量，被百度扣量惩罚。12 月，携程机票再现捆绑销售霸王条款；11 月旅游投诉舆情报告显示携程、去哪儿投诉量占三成；携程等抢票 APP 捆绑搭售 20 元意外险，被指太“霸道”，律师称涉嫌违法。

（3）服务方面：2014 年 1 月，航空公司称可免费退票，携程却多收 20% 退票费，被投诉后承认是管理疏失。4 月，企业主质疑携程安全差价格贵，通知公司全面禁用；无锡旅客订机票遭携程“放鸽子”，致滞留机场数小时；网上订机票输错名字只能作废，携程机票改名难，凸显服务缺失。7 月，买旅游产品携程不开发票，消费者投诉后已解决；携程被曝旅行套餐机票退票费高达 40%，拒提供行程单，引发大量批评。8 月，女子托携程办签证，上交钱和材料后却被告知办不了，且被疑泄露用户信息；未成行却要承担两万元损失，携程引用户不满。9 月，用户在携程订购跟团游，临近行程被告知超员，疑被差别对待。10 月，女子买特价机票遭天价改签费，携程代办补交 1.7 万元；女子在携程网购船票未能换票登船。11 月，机票售出不退，携程“霸王条款”违规。12 月，携程机票被曝无法提供行程单，且已经被人打印。

（4）传播方面：携程公关在“漏洞门”事件中消极应对遭诟病。

（5）人事方面：携程领队被曝在国外强奸女游客。

（6）合作方面：2014 年 9 月，携程酒店产品从去哪儿网下架，暗战升级；同月，携程被曝遭宁波 16 家酒店停止合作。

（7）竞争方面：主要是与去哪儿网的对战，及与同程的手机应用大战。

（8）业绩方面：携程 2014 年第四季度净利暴跌，呈亏损状态。

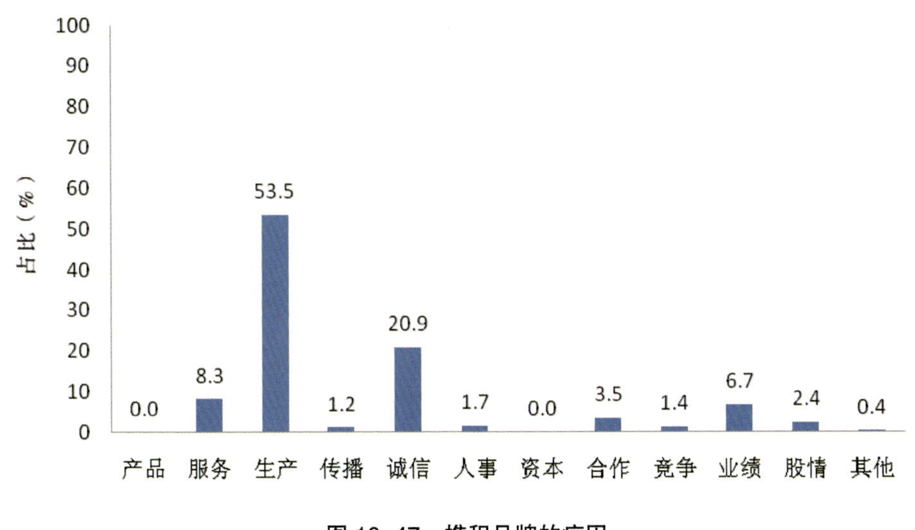

图 10–47　携程品牌的病因

48. 茅台

茅台 2013 年健康指数排名第 49，2014 年排名前进了 1 位，即第 48，指数为 28.9。其问题主要出现在合作、业绩、传播等方面（见图 10–48）。具体问题主要有：

（1）合作方面：与往年过节期间茅台的热销相比，2014 年 1—2 月，茅台的销售量大幅度下滑，经销商纷纷感叹生意难做。进入 3 月，由于线下经销商不满电商低价倾销动摇价格体系，茅台与多家电商停止合作。5 月，茅台线下经销商销量持续走低，多家经销商欲离场。8—9 月，茅台再次与电商划清界限，对违规宣传的经销商进行处罚。10—12 月，茅台线下销量持续低迷，线上电商低价销售惹怒茅台使用法律手段进行维权，反对电商低价倾销。

（2）业绩方面：由于政府部门对“三公消费”的限制等因素，茅台白酒销量在 2014 年持续走低；茅台啤酒连续亏损 13 年，于 1 月正式被华润雪花托管；茅台 2013 年营收大幅下滑 68.5%，2014 年 10 月，白酒价格跌回五年前，仍然无人问津，连茅台空瓶回收也慢慢淡出市场；10 月，茅台前三季度业绩报告显示，茅台前 9 个月净利润同比下降 3.4%，预收账款减少 71%。

（3）传播方面：2014 年 1 月，全国各地多处生产、销售茅台假酒网点被查处；央视曝沃尔玛曾销售茅台假酒。2—4 月，各地出现多起分公司廉价酒贴茅台品牌，冒充茅台酒忽悠消费者事件。4 月，茅台集团发表关于侵权虚假广告的严正声明。5 月，茅台落选全球品牌百强；还出现三名男子冒充茅台酒厂领导骗取画家价值

43 万元字画事件。6 月，类似的事件在四川上演，21 岁男子冒充茅台高管，两名女子被骗财色。7—9 月，茅台仍然深陷在贴牌和假货的纠纷中。10 月末，媒体曝出一男子销售假茅台一夜暴富，骗取银行 2 亿元贷款的事件。11 月，天猫被曝假茅台横行，消费者投诉未能获得妥善处理。12 月，全国多地曝出居民楼内造茅台假酒的新闻。

（4）人事方面：2014 年年初，因茅台销售额下降，员工福利大幅度缩水。11 月，茅台集团副总经理房国兴因涉嫌严重违纪被调查。

（5）股情方面：茅台 2014 年股价持续下跌，痛失 A 股第一高价股的位置。

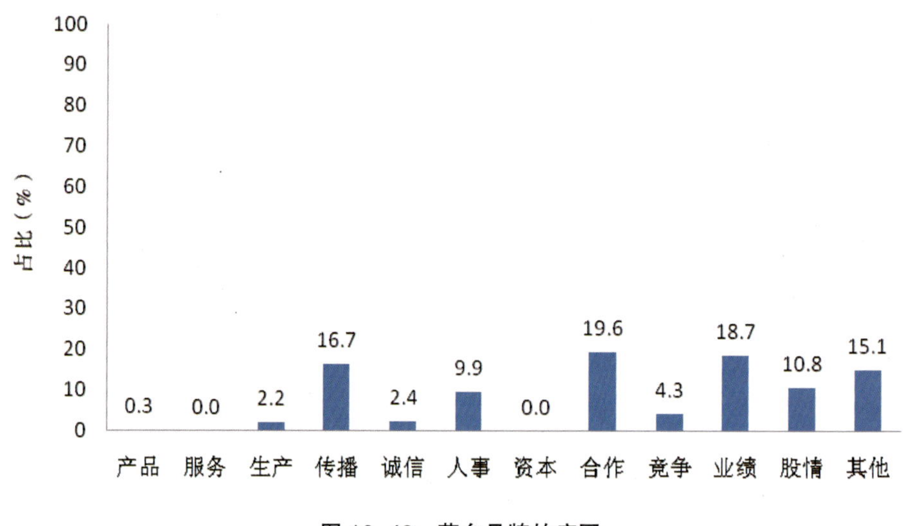

图 10–48　茅台品牌的病因

49. 中石化

中石化 2013 年健康指数排名第 48，2014 年排名后退 1 位至第 49，指数为 27.5。其问题主要出现在生产和人事方面（见图 10–49）。具体问题主要有：

（1）生产方面：2014 年 1 月，致 62 死 136 伤的山东青岛“11 · 22”中石化东黄输油管道泄露爆炸事件受到持续追踪报道，事故给中石化造成直接经济损失 7.5 亿元，该事故被判定为重大责任事故，中石化将承担相应的赔偿责任；与此同时，中石化众多隐患被披露。2 月，中石化海南万宁莲花加油站又发生汽油外泄，现场无人疏导，暴露出加油站应急预案缺失。3 月，中石化东莞石油公司食堂因燃气泄漏发生爆炸，造成人员伤亡，产生了负面的社会影响；同时中石化被曝连续五年均出现安全事故。5 月，盗油分子打孔盗油致中石化浙江原油管道泄漏。6 月，中石化再次发生安全事故，其南京扬子石化酸性水罐反复发生爆燃。7月，中石化上海石化一含油污水罐发生火灾；兰州石化公司炼油厂气体分馏装置发生泄漏起火事故，虽未造成严重后果，但对中石化也造成了负面影响。11月，中石化两条原油管道安全隐患严重，安监总局下达停输令，其余多数管道也被曝超期服役。

（2）人事方面：2014年1月，因“11·22”中石化东黄输油管道泄漏爆炸特别重大事故，国务院对包括中石化集团公司董事长傅成玉、青岛市长张新起在内的48名责任人给予纪律处分，涉嫌犯罪的中石化管道分公司运销处处长裘冬平、安全环保监察处处长廖达伟、潍坊输油处处长兼副书记靳春义等15名责任人移送司法机关处理，其中9人涉嫌重大责任事故罪，该案件审理持续到11月，中石化的形象也因此受到极大损害；1月底，中石化两下属单位三高管违反八项规定被中纪委通报；同时，传中石化香港两高管遭廉署调查涉嫌招标受贿，这些都折射出中石化的人事腐败问题。2月，中石化又出现硕士毕业入职一年的员工乔红程受贿6万养“小三”，被岳父举报的事件；该员工称受贿是行规，后在10月被判刑5年，此事件对中石化的形象亦造成一定的损害。3月，中石化员工深夜偷油被抓，暴露出中石油管理上的漏洞；同月，还曝出中石化三员工挪用公款投资事件，其中一名甚至称未意识到挪用小金库钱是违法行为。4月，中石化曝出原纪检干部刘清挪用赃款被判两年的事件，引发负面舆论。5月，中石化福州员工在加油站附近抽烟受到民众质疑；同月，中石化重庆石油分公司原总经理助理向仕铭涉收受油品承运商好处费而受审，并在8月被判刑4年半。6月，中石化南化研究院被曝员工吃空饷，十多年未上班；与此同时，北京化工研究院主任吴宇宏因12年间收贿130余万元而被判刑11年6个月。8月，中石化化工销售江苏分公司副经理王强涉嫌受贿被逮捕，中石化安庆分公司原总经理助理王伯亮也因涉嫌受贿百万被起诉；同月，中石化10年前非油业务由东方实创一手揽下开发经营权的往事，也被曝出与中石化原董事长陈同海的情妇李薇潜伏在合作方背后有关；同时，陈同海还被曝职务消费一度高达每天4万元以上，十分腐败。至9月，多方消息称很多中石化系中层在中纪委收网前外逃，虽得到中石化官方微博的否认，但仍产生了负面舆论；接着，又出现了中石化北京高管租地盗接输油管偷走4亿元石油事件；与此同时，中石化重庆公司副总童辉涛涉嫌受贿案也被查。10月，中石化香港前总经理张国强因涉嫌受贿并藏毒遭起诉。11月，党中央对石油系统的反腐升级，中央巡视组进驻中石化，中石化工程技术公司副董事长薛万东随即就被免职调查。12 月，中石化三个下属单位违规组织公款旅游、餐饮被通报；其中，新疆石油分公司总经理马安生就因公款聚餐饮酒被免职，接着，中石化石油工程技术服务公司原副总经理刘清涛因涉嫌受贿犯罪被立案侦查。

（3）诚信方面：2014 年 1 月，盐城中石化被指无视法律无证擅自改建，遭民众指责；中石化中山地区加油站被曝强制办卡消费，工商约谈却无果；此外，作为控股股东的中石化对仪征化纤的股改承诺未兑现，仪征化纤连续两年亏损将被 ST，中石化的诚信问题受到质疑，相关报道持续到 2 月。2 月，有报道称中石化 2009—2014 年多次被曝出违反八项规定，在频频卷入此类事件的同时，中石化却一再哭穷；同月，中石化炼化工程在美项目陷纠纷，遭合作方 Medicine Bow 索赔。3 月，中石化又遭全球第四大化工公司英力士以滥用商业机密为由起诉，对中石化的声誉造成了负面影响；同时，中石化胜利油田改制持续八年至今的遗案仍在发酵，千万资金去向不明受到广泛关注。5 月，云南“地沟油”制生物柴油民企起诉中石化垄断案延期开庭；中石化被曝加油站造假偷油，甚至培训员工克扣汽柴油，欺骗消费者，引起广泛负面舆论。6 月，中石化涪陵项目被质疑以页岩气的名义拿巨额补贴花大钱办小事；广州石化的炼油企业被指成为环境违法行为或安全隐患的重灾区；传言中石化被卷入法国巴黎银行的巨额洗钱案。7 月，民营企业云南盈鼎以垄断为由状告中石化云南分公司拒收生物柴油的案件也正式开审，这是国内针对石油企业反垄断的第一例案件；在 12 月的一审判决中，中石化云南分公司被判违反反垄断法，并被要求限期将盈鼎公司生产的生物柴油纳入燃油销售体系，中石化一方决定上诉，该案件也在持续发酵。11 月，中石化混改被指新瓶装旧酒，目的为赚钱而非打破垄断；同月，中石化的一个页岩气项目“围而不探”，三年勘探期已到却未按承诺投入，遭国土资源部 797 万元的罚款，并面临核减区块面积的厄运，中石化在微博上对于这一纸罚单的回应惹来不少争议，网络评论趋于负面。

（4）传播方面：2014 年 1 月，中石化女处长身陷接受性贿赂的“非洲牛郎门”名誉权纠纷案，3 月底的二审判定传谣网站侵权并需赔偿 4.5 万元，谣言制造者傅学胜于 11 月因诽谤罪获刑，这起事件对中石化产生了负面影响。7 月，有男子伪造中石化公司印章诈骗 109 万元。10 月，中石化被曝出网售海龙燃油宝价差百倍，回应称从未授权电商等渠道，网售全是假货，再次引发民众对燃油宝是否有效的质疑。

（5）股情方面：2014 年 1 月底，中石化被曝虽已被大股东增持 1.73 亿股，但股价依然颓势不改，跌逾 2%；另外，受东黄爆炸等事件影响，中石化 2013 年全年市值蒸发 700 亿元。2 月初，中石化被曝 6 年市值蒸发 1.7 万亿元，中石化遭美林大削目标价，股价逆市跌逾 2%；2 月 21 日，石化改革概念高开低走领跌两市，中石化跌近 4%；2 月 28 日，沪深两市双双低开，中石化跌幅居前列。3 月初，受中石化东莞石油公司食堂爆炸事件影响，股价跳水；3 月中旬，石油板块暴跌砸盘，中石化又跌逾 6%。6 月底，中石化冠德被股东售股套 5.4 亿元，股价下跌 4%。7 月初，一度跌逾 3%。9 月中旬，中石化的混合所有制改革终于取得实质性进展，股价不升反跌 6.76%，后期股市波动，12 月 9 日，股跌 9.95%，报 5.79 元，封上跌停板。

（6）业绩方面：2014 年 3 月，中石化放开油品销售被曝利润急剧缩水；2013 年年报显示，中石化销售业务净利缩水近两成。4 月，中石化披露首季营收净利双下降，第一季度净利 135 亿元，同比下降 15%，多个业务板块下滑。8 月，中石化炼化上半年净利润 18.77 亿元，同比下降 15.2%。10 月，中国石化第三季度盈利 193 亿元，同比下降 12.55%，合计前三季度净利双降，净利润 511.69 亿元，同比下降 0.84%。

（7）资本方面：2014 年 2 月底，中石化旗下四川华星天然气有限责任公司 1 元转让其所控制的、已负债近 750 万元的四川省宏富源房地产开发有限公司 50% 股权，或为油气改革铺路；中石化炼化在美项目陷纠纷，遭合作方索赔，对中石化产生了一定的负面影响。4 月，中石化被指 25 亿元开采页岩气恐打水漂，压一口井就 7 000 万元，勘探风险极大。8 月，中石化集团因债务加身，再次 1 元转让其旗下河南华诚房地产的股权。

（8）竞争方面：2014 年 7 月，中石化受累于去年的多次爆炸事故，首次跌出央企 A 级名单。

（9）产品方面：2014 年 2 月，石家庄油品市场被指混乱，据称中石化拉的油加水也没人管，在产品管理上存在疏忽。3 月，中石化又被指力推无任何作用的燃油添加剂赚暴利，引发了负面评价。5 月，报道称中石化福州一加油站注水汽油致六车趴窝，引发消费者很大的不满。6 月，车主称在陵水加到掺水油，但中石化海南分公司否认此事。7 月，中石化有加油站声称加新油品需要特制添加剂，消费者对中石化搭售产品产生不满。

（10）其他方面：慈传媒《中国慈善家》发布的 2013 年企业社会责任黑名单中，中石化上榜。

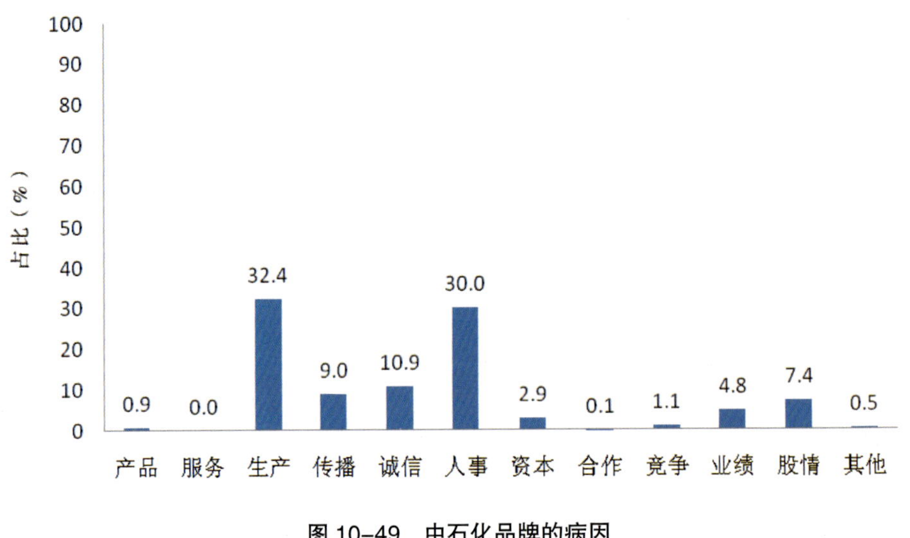

图 10–49　中石化品牌的病因

50. 中石油

中石油 2013 年健康指数排名第 18，2014 年严重倒退到第 50，指数为 19.7。其问题主要出现在人事、生产和诚信方面（见图 10–50）。

（1）人事方面：深陷贪腐案，案件耗时极长，牵涉人数众多，不仅有众多中石油中高层，而且许多合作伙伴、富商家族也牵涉其中，随着调查进程的推进，一众违法违纪的官员干部纷纷落马。媒体报道不断跟进，中石油从总公司到子公司、从国内业务到海外业务被彻底盘查，背后的利益链条日渐清晰，利益输送、权钱交易、行贿受贿、暗箱操作等一系列违法违纪行为被公之于众。多家媒体全年持续报道，对中石油的企业形象造成了严重损害。贪腐窝案引发人事震动，众多中高层因牵涉被调查，公司频现人员更替。2014 年 1 月，中石油总会计师温青山涉案被查，刘跃珍接替出任。2 月，中石油董事会秘书李华林涉案被查，吴恩来接替出任。3 月，中石油四川石化总经理栗东生涉案被查；中石油玉门油田分公司原副总经理杨国玲被调查。4 月，中石油对外合作部总经理阎存章被查；中石油重庆销售公司总会计师李建华被查。5 月，中石油重庆销售公司副总彭小虎被查；中石油主管海外业务的副总裁薄启亮被调查；赵政璋任中国石油集团副总经理。6 月，中石油任命吕功训、王立华为副总裁；中石油副总裁冉新权被撤销陕西省政协委员资格；中石油原副总经理王永春被立案审查。7 月，中石油两名海外高管被带走调查；中石油加拿大公司多名高管被查，加拿大首席代表贾晓霞离职。8 月，中石油长庆石化原党委书记失联。9月，中石油玉门油田分公司原副总经理孙卫东、杨国玲被开除党籍，立案调查。10月，中石油纪检组长王立新被带走调查；中石油原董事长蒋洁敏被立案侦查；中石油重庆公司至少有6名中高层被查。11月，长庆油田工程监督处一把手被查。

此外，还有一些其他的负面人事新闻曝出。2014年2月，中石油长庆油田四名高管冒领工资近63万元。3月，中石油员工被曝拉油途中私卖汽油。4月，50岁职工被退休状告中石油并胜诉；中石油一研究室主任虚增合同款，一审获刑两年，二审改判减刑一年。5月，中石油独董换届，出现官员独董辞职潮。6月，甘肃一女村民被中石油测井公司工程车碾死，司机被捕，村民获赔60万元；中石油一名员工在伊拉克遭绑架；审计署公布报告指出中石油一些管理人员滥用职权违规决策。7月，5人因中石油大连管道漏油事故被控制；中石油员工非法吸储12.6亿元，公司被判赔偿1.1亿元；中石油高管曝一基层输油站养了近400人，干活的仅40余人；中石油抚顺石化3年亏187亿元，管理人员占员工数1/5。8月，媒体曝出中石油等能源国企董事长年薪超百万，是普通矿工的30倍；中石油长庆油田正科级书记被举报诱奸亲属。9月，中石油绥化中心副主任涉嫌伪造项目，20多家民企组团至总部讨债；中石油“硕鼠”私接管道盗油；中石油旗下广州阳光酒店女老总被曝虚开发票公款购奢侈品。10月，一名中石油工人在苏丹油田遭绑架。

（2）生产方面：发生生产设备爆炸、原油泄露、井喷等事故。2014年1月，中石油4家子公司被曝存在重大隐患，4年发生7起事故。3月，中石油在蒙古国的1辆油罐车爆炸，造成人员伤亡。4月，中石油兰州石化管道泄漏致兰州自来水苯超标；延长石油延安炼油厂油罐闪爆，3人烧伤，上千人撤离。6月，甘肃一女村民遭中石油测井公司工程车碾死；大连中石油输油主管道爆裂起火。7月，各媒体继续跟进大连输油管爆裂事故，油污入海、管道服役时间过长、储运安全问题凸显等后续报道在媒体上大量出现；与此同时，中石油葫芦岛输油管线发生爆裂；月底，吉林省集中曝光了134家重大火患单位，中石油上榜；浙沪邻界处一中石油废弃油罐燃爆，内含6 000吨油污。8月，中石油兰州石化分馏装置泄漏着火；中石油长庆油田发生井喷事故。9月，安监总局通报中石油长庆油田钻井闪爆燃烧事故原因；中石油兰州石化分公司污染大气环境被处罚。12月，中石油油罐车凌晨肇事，车速过快致1死6伤；宁夏一中石油油库油罐车着火，明火被扑灭，司机灼伤。

（3）诚信方面：主要有拖欠环保费用、违规招标、加油站造假偷油、违规吸储、违规使用公款以及贪腐窝案中的违规违法行为等问题。2014 年 1 月，中石油海外公司被曝造假揽活；中石油长庆油田拖欠延安环保费用 8 亿元，多次追缴无果；中石油柴油在黑龙江被检出水分超标 40 倍。2 月，中石油吉林分公司违规排污受到环保部通报，被追刑事责任并处以 50 万元罚款；南京几个中石油加油站被曝缺斤少两。4 月，中石油因环境违法问题被环保部点名；中石油的十几个加油站被曝违法经营，拆除通知成空文；中石油年报显示去年遭罚款近 10 亿元，但未详述原因；中石油用餐违规购烟酒，遭中纪委通报；中石油兰州石化销售部公款吃喝被曝光；中石油深圳 LNG 项目遭强烈质疑，深圳市人大常委会召开会议听取项目汇报；有报道指山东汽油造假，疑涉中石油。5 月，社科院报告中指出中石油云南炼化项目的审批决策有暗箱操作；中石油加油站培训员工如何克扣汽柴油，造假偷油被曝光；中石油海外业务被曝腐败严重；中石油招工对内倾斜。6 月，中石油股票现金红利派发日期被指违规，多次拖延；中石油等 19 家企业因脱硫问题突出被处罚；中石油被卷入法国巴黎银行巨额洗钱案；审计署公布中石油所属 9 个单位违规招标，涉合同额 260 亿元；审计署查出中石油等 7 个央企违规发工资福利 11 亿元；审计署点名中石油涉嫌国有资产严重流失。7 月，中石油等多家央企环保数据造假，骗取国家补贴；中石油新疆煤层气项目惹争议，环能国际索赔或超 10 亿港币；中石油兰州销售分公司 5 个加油站违法改建被查处；中石油旗下公司卷入天津港石化融资诈骗案；加油站站长非法吸储 12.6 亿元，中石油被判赔偿 1.1 亿元；中石油抚顺石化 3 年亏 187 亿元，曝内控黑洞。8 月，中石油在非洲被指故意泄露原油，遭索赔 12 亿美元，中石油予以否认，呼吁乍得政府撤销巨额索赔。9 月，中石油一周被通报 9 起违反八项规定案，居 14 家央企之首；中石油绥化中心副主任涉嫌伪造项目，20 多家民企组团至总部讨债；甘肃部分中石油加油站强制办理加油卡，不办不给加油。10 月，媒体驳中石油天然气价格倒挂谎言，质问 300 亿元利润从何而来；中石油兰州石化冒黑烟被罚 10 万元，分管副总被约谈；雾霾频发，治理效果成疑，中石油等冒领脱硫补贴。11 月，媒体驳中石油天然气 136 亿方缺口论，称其欲借气荒涨价；中石油等因违约被核减页岩气探矿权区块面积；吉林村民自营加油站被中石油霸占 11 年，上诉败诉；中石油控股的昆仑银行涉嫌为伊朗洗钱。12 月，中石油三个下属单位违规组织公款旅游、餐饮被通报；中石油员工谈反腐风暴，称过去每年发两万元购物卡。

（4）传播方面：主要是商标被伪造、品牌被山寨、危机应对欠妥、以中石油的名义诈骗等问题。

（5）资本方面：中石油调查海外无价值投资，被指高价买低产量油田。

（6）合作方面：主要是在贪腐案调查过程中曝出一些合作中的违规违法行为，合作伙伴也因中石油贪腐窝案受到影响。

（7）业绩方面：进口天然气业务亏损严重，油价不断下跌，净利持续下滑；数年来享受政府补贴近千亿元，备受诟病。

（8）股情方面：中石油市值一年蒸发 1 800 亿元，股价频繁下跌，股东户数于 3 月首度跌破百万，估值连降七年。

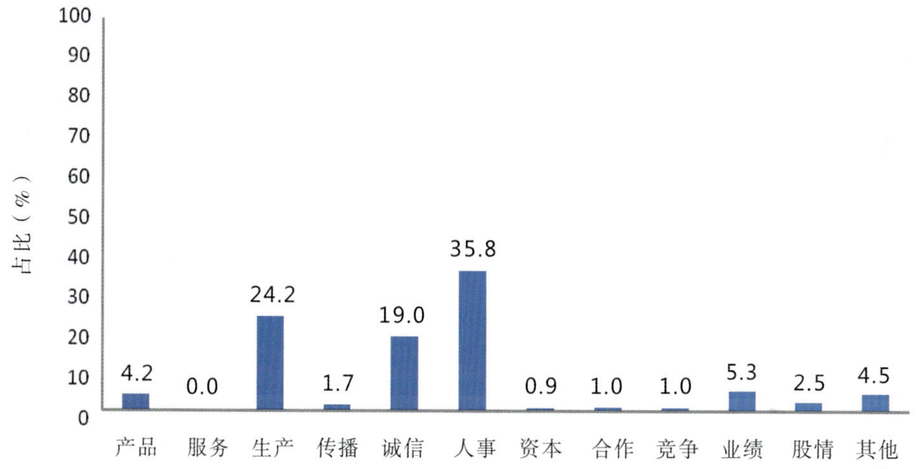

图 10–50　中石油品牌的病因

十一、品牌健康与品牌关注

本研究中，品牌健康源于媒体是否发现并报道品牌存在的问题及媒体能否发现并愿意报道品牌存在的问题。从理论上讲，这与媒体对品牌的关注有关，对某品牌关注越多，新闻报道就越多，负面新闻也越多。为此我们先确定以品牌关注指数作为媒体对品牌关注程度的观测指标，将“品牌关注指数”定义为“媒体报道中标题含有品牌的新闻（无论正负面）的日均报道篇数”。品牌关注指数越高，说明品牌受到媒体的关注程度越高；反之亦然。

根据上述品牌关注指数的操作定义对 50 个品牌进行分析，结果发现（见图 11–1），媒体对各品牌的关注程度差异巨大，关注程度最低的是 361°，指数仅为 0.01，即 36 家媒体中，每家媒体平均每 100 天才有 1 篇报道；关注程度最高的是腾讯，指数为 3.12，说明每家媒体平均每天至少有 3 篇以上的报道。

通过将品牌健康指数与品牌关注指数进行相关统计，发现两个指数之间存在非常显著的负相关，相关系数为 0.60（$p<.01$）。这一结果说明品牌健康指数在一定程度上取决于品牌关注指数，品牌关注度越高，品牌健康就越容易出问题。

经过进一步的深入分析发现，品牌关注指数最高的 10 个品牌，其均值高达 2.11，但健康指数均值仅为 46.6；关注指数最低的 10 个品牌，均值仅为 0.07，其健康指数均值则高达 86。健康指数最小的 10 个品牌，其均值仅为 35.5，但关注指数高达 1.44；健康指数最高的 10 个品牌，其均值高达 88.6，而关注指数仅为 0.17。

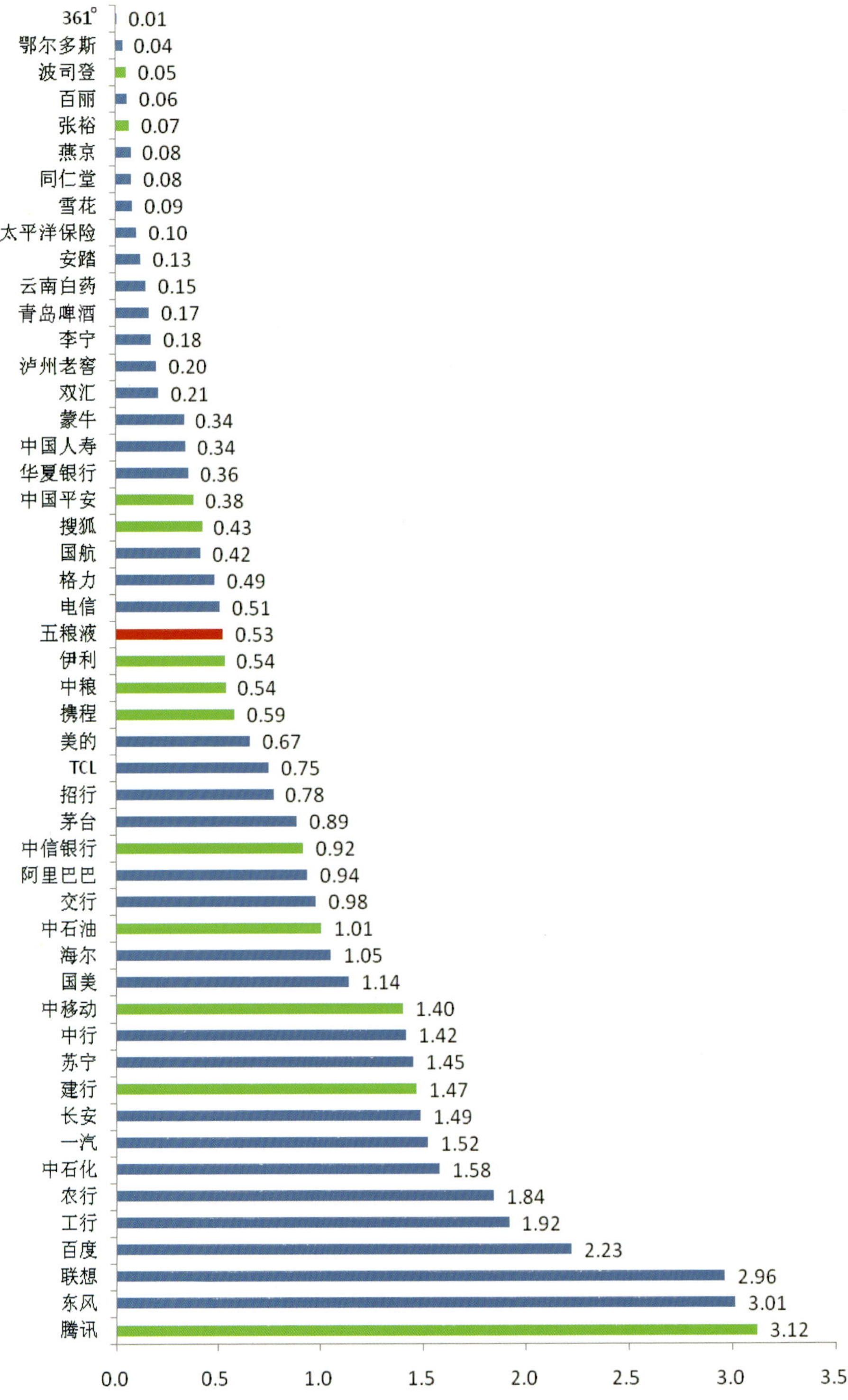

图 11-1　各品牌的媒体关注指数（2014）

十二、品牌新闻报道的负面率

前面的分析指出，品牌健康与品牌关注有一定的关系，品牌被媒体关注得越多，健康问题也就越多。媒体对品牌的关注，可能是正面的，也可能是负面的。媒体负面报道占所有新闻报道的比重，一方面反映了企业存在问题的多寡或严重程度，另一方面也反映了企业的媒体公关能力。

媒体为了给人客观公正的印象，对品牌的报道通常既有正面的，又有负面的。究竟负面报道通常占多大比重？各品牌的情形又有何差异？为此，我们分析了每个品牌负面报道占所有报道的比例，结果发现，50 个品牌的平均负面报道比率为 12.3%（如图 12–1），即在 100 篇报道中，有十二三篇负面报道。其中负面报道率最高的两个品牌是云南白药和泸州老窖，分别为 54.1% 和 45.4%；其他品牌的负面报道率都在 30% 以下；负面报道率最低的是雪花和百度，都是 1.9%。

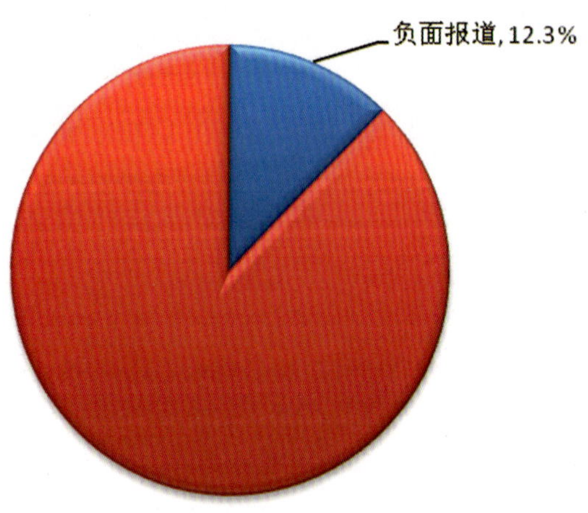

图 12–1　负面报道的比例

十三、总结和讨论

从媒体对品牌的负面报道来考察品牌的健康状况，中国品牌的健康指数只有 63.4，健康状况仅仅达到及格的水平，和 2013 年的健康状况相比还降了一个等级。这可能与宏观环境的变化有关，包括党和政府的积极反腐，引发中石化、中石油、一汽等大型国企问题的暴露，引发高档酒类销量的下滑；宏观经济进入新常态时引起的企业业绩变化；互联网激烈竞争引发的企业大战；传统媒体受到新媒体冲击带来的生存困境，引发其对企业负面报道的增多。

不管是什么原因导致的中国品牌健康水平的下降，都不利于中国品牌的发展，都必须加以抑制。

品牌健康恶化，可能是皮外伤，也可能是重大隐患。研究结果让我们感到深深忧虑的是：构成品牌核心竞争力的诚信，依然是我国品牌不健康的主因。

参考文献

1. 张树庭，孔清溪 . 品牌蓝皮书 2010—2011[M]. 北京：中国市场出版社，2011.

2. 慧聪研究 e-Eyes 事业部. 2012 媒体价值分析报告 [EB/OL]. 2012 - 12 - 26. http://wenku.baidu. com/link?url=b99Ui_wcBhcUTGzSjhzI7vM2zhU_-8Uetk0hFRak8X6STYeR_EsGBTq-CD4HWASNp0WluHjtH81RvNtmRtKDvq3sHnJUQYnca1KvS6lKd73&pn=NaN.

3. Interbrand.Best China Brands 2012 [EB/OL]. 2014 - 02 - 02. http://www.interbrand.com/Libraries/Branding_Studies_ZH/2012_Best_China_Brands.sflb.ashx.

4. 世界品牌实验室. 2012 年《中国 500 最具价值品牌》排行榜与分析报告[R/OL]. 2014 - 02 - 02. http://brand.icxo.com/brandmeeting/2012china500/.

5. 睿富全球排行榜咨询集团和北京名牌资产评估有限公司. 2012（第 18 届）中国品牌价值报告[R/OL]. 2012 - 09 - 17. http://wenku.baidu.com/link?url=yuaVWIdgyhbIvgEhrMRfFJ23jJc2fkl_Bnskj2mVLhCCmDLyPCTiO1z3JotVwgv5cIiQxaNHgFXIzCPvECzKnYVsktagS6Am3AFvfs5y47e.

6.BrandZ.Most Valuable Chinese Brands Top 50[RIOL]. 2014 - 02 - 02. http://www.wpp.com/~/media/sharedwpp/readingroom/branding/brandz_china_2012_table_cn.pdf.

7. 厦门大学品牌与广告研究中心.2013 中国市场品牌健康监测报告 [R]. 厦门：厦门大学出版社，2015.